バリュエーション
の教科書
企 業 価 値 ・ M & A の 本 質 と 実 務

グロービス経営大学院教授
森生 明 [著]

The
Practical
Essence of
Valuation

東 洋 経 済 新 報 社

はじめに

「ROE向上へ、取組み本格化」
「東芝が東証開示基準違反　米原子力子会社の減損損失公表せず」
「安倍政権、今度は企業に『内部留保吐き出せ』と要求」
「シャープ、鴻海提案受け入れ　台湾企業の支援で再建めざす」

　昨今注目を集めているこれらの話題は、すべて企業価値やファイナンスに絡むものだ。つまり、ファイナンスやバリュエーションの知識なしに、これらがなぜ重要なのかを腹落ちして理解するのは難しい。

　それに加え、日銀が金利をマイナスにしたり紙幣をたくさん印刷して、国の借金である国債を買い支えたりすることでこの国の経済が立ち直るのか、グローバル資本主義は人類を幸せにする仕組みなのか、という大上段に構えた議論も、経済学や金融理論の知識なしには、事の本質が理解できない。

価値を生むこととカネ儲けすることはなぜずれるのか？

　本書のタイトルのバリュエーション（valuation）とは、資産の価格算定、M&Aなどで会社の企業価値や株価を算定する際に使われる用語だ。「value＝価値あること」に状態・結果を表す接尾辞「tion」をつけたもので、要するに「価値」を「価格」にして表現することである。

　専門家が行う難しい作業だと思われがちだが、実はマンションの価格算定や中古車の購入判断、果ては資格を取ることの価値や結婚相手の品定めまで、日常的に行われている。

　この作業は、自由市場を軸とする資本主義経済体制を健全に機能させる最も重要なもので、「カネでは買えない価値がある」とか、「カネです

べて解決しようとするのは間違いだ」などと思考停止していてはならない。

　価値を生み出す活動とカネ儲けする人がずれていて、格差が拡大しているのが社会の実情ではないか、という意見には私も同意する。しかし、そういう世の中は各個人が、投資家が、経営者が、価値に見合った値段を付け損なう結果、生み出しているという自覚を持たない限り、いつまで経っても良くはならない。

　額に汗して働くこともなく「虚業」のファンドが株の売買でボロ儲けするのはおかしい、というのはごもっともだが、そのファンドがボロ儲けできるのは、同じ株を安く売ってくれる人と高く買ってくれる人が同時にいるから、その間でサヤが抜けるというだけのことだ。

　突き止めるべき課題は、むしろ安く売った人と高く買った人が、それぞれどのように株価を評価（バリュエーション）したか、なぜ同じ会社の株式にファンドをボロ儲けさせるほどの評価の差が生じたのか、であろう。

　本書は、価値と価格にギャップが生まれるのは「評価基準＝バリュエーション」の問題だ、という視座で世の中を捉えようと試みている。

現場実務感覚でシンプルに考える

　自由市場経済社会で生きていくにあたり、価格算定や企業価値評価が重要なことを理解しそれを学ぼうとしても、一般にはその敷居は高いと思われがちだ。ファイナンス理論やバリュエーションの専門書の多くは、数式や β、λ、Σ、といったギリシャ文字がやたらと出てきて、多くの人に拒絶反応を与える。

　本書は、そのギャップを埋めることをめざしている。そのためにまずは、会計やファイナンスという学問は、数字という言語を使ってコミュニケーションをとる際の文法書と割り切るスタンスで取り組むことをお薦めする。

　ファイナンスは投資と資金調達についての学問だ。そして、誰かが投資するから誰かが資金調達できるということなので、この2つはコイン

の裏表、どちら側から見るかという違いにすぎない。ファイナンスは資金を出す人と、もらう人の間のコミュニケーション、バリュエーションは両者が折り合う地点を見定める活動、である。

グローバル競争の時代、日本人同士でしか通じないやり方では戦えない。そのためにみな、グローバル共通言語である英語をしっかり学べと言われる。

ところで、ビジネスの世界で最も広く使われている言語は何か？　それは数字だ。

その目的はビジネス交渉の相手方を説得し、合意に至ること、それを円滑に進めるために、ファイナンスというツールが便利なので、使っているにすぎない。

英語で交渉するのが苦手な日本人は多く、それは歴史的・文化的なもので仕方ない。言語的なハンディキャップがあるからこそ、英語より中国語よりグローバルな共通言語である数字でコミュニケーションするスキルとして、ファイナンス知識は身につけておくにこしたことはない。

「欧米はいつも自分たちに都合のいいようにルールを作り押しつけ、フェアではない」と言いたくなる場面もあるだろう。しかしどの道、われわれは国際社会においてはアウェーの環境で戦うしかないのだ。

こうして、DCF方式でNPVを求める、IRRで投資判断をする、PERやPBRで適正株価水準を見定める……、とアルファベットの略語オンパレードな世界と対峙することになる。

用語だけでなく文法も身につけなければ、コミュニケーションはできない。しかし、実務で使うファイナンスのツールを体系的に頭に入れるには、やはり手間がかかる。まず財務諸表を読むには会計の知識が必要、次に現在価値という概念を理解して、DCF（ディスカウンテッド・キャッシュフロー）方式という投資判断の基本枠組みを学び、具体的に算定するために資本コストを計算できるようにならなければならない。

これらを演習を交えて1つひとつ習得していくうちに、「木を見て森を見ず」状態に陥ったり、腹落ちしない概念でつまずいて、先に進む気

力が萎えてしまったりする。

　さらに厄介なことに、ファイナンスを難しい世界にしたがる「財務の
プロ」や「専門家」がいて、必要以上にその作業をブラックボックス
化する。やたら難解に説明したがり、「難しい世界なのでお任せなさい」
と言いがちな「プロ」は疑ってかかったほうがよいのだが、「素人」が
それを見破るのは簡単ではない。

本書の構成

　企業価値算定やM&Aは、ファイナンスの上級・応用編、ピラミッド
の上部に位置づけられることが多い。そこへ到達するには、1つひとつ
石を積み上げなければならず、その土台作りのために、数学や統計学の
知識を身につける必要がある。こう言われると、苦難の道のりとなる。

　本書は、世の常識的スタイル（≒欧米のビジネススクールで教わる手
順）を無視して、ピラミッドの全体像を見てから骨格と枠組みを作り、
そこに肉づけをして完成させるというアプローチを取っている。

　企業価値算定について30年にわたりさまざまな立場でかかわってき
た私は、その間に米国的な手法が進化し複雑化しながら日本市場に浸透
していく姿を見てきた。そして経験を積むにつれて、バリュエーション
の本質がシンプルな構造をしていて、おなじみの用語だけを使った簡単
な公式に美しく収斂すること、それさえ腹に落として理解すれば、企業
経営者や実務家として十分だろう、という確信を持つに至った。

　日本的な企業観と米国的な株主至上主義の間には、一般に言われるほ
どの大きな違いはなく、それらを対立的に描く必要もない。企業価値算
定は、専門家が複雑な理論やモデルを駆使しなければできないような世
界ではなく、企業経営者と投資家が建設的にコミュニケーションを取る
ための共通言語として、使い勝手の良いものでなければならない。

　このようにバリュエーションを身近で手触り感のあるものにすること
によって、世間を騒がせる経済ニュースの意味や背景がより鮮明に見え
るようになり、グローバル取引の交渉や投資家へのIR活動の場で役立
つスキルを手に入れることができる。これが本書の第Ⅰ部・第Ⅱ部で取

り上げるトピックだ。

　しかし同時に、2000年以降のバリュエーションの世界がより難しさを増していることも、おそらく事実だろう。それは、事業活動を取り巻く「リスク」がますます多様かつ複雑になっているからだ。その結果、ひと昔前の経済成長時代のファイナンス理論だけでは対応しきれなくなったり、リスク管理の手法としてデリバティブ取引なるものが活発化して市場を攪乱したり、という現象が起こっている。

　いずれにせよ、先行きの読みにくい社会・経済環境の中で、難しい投資の意思決定を迫られるのが、今日の企業経営の宿命である。

　そこで第Ⅲ部では、経営者や投資家やファイナンス理論の専門家が、それぞれの定義とニュアンスで使っている「リスク」なるものを整理し直し、それらが企業価値算定や投資の意思決定にどう反映されるのか、を検討する。

　また、不確定要因の多い状況下では、「リスクマネジメント」や「臨機応変の対応」といった意思決定の柔軟性が重要になる。この要素を価値算定に取り込むには、「オプション価値」の議論は避けて通れない。

　天変地異から戦争・テロ、製品事故からネット炎上による風評被害まで、現代企業経営は「一寸先は闇」状態だ。「リスク」と「オプション」は、そのような不確実性に満ちた世界での企業価値算定において、外せないキーワードであるものの、これまでは統計学や数学の知識なしでは理解できない「専門家」の領域に委ねられがちだった。

　本書の後半では、それを実務家の常識で理解し使いこなせるレベルに引き下げて噛み砕こうと試みたのだが、まだまだ私自身が書きながら、思考を続けている段階だ。

謝辞

　本書の執筆にあたって、数え切れない方々にお世話になった。私が15年にわたり経営顧問を務めている西村あさひ法律事務所の諸先生方、特に草野耕一弁護士には米国留学以来ずっと私の議論の相手をしていた

だき、本書は彼の著書である『金融課税法講義』『会社法の正義』から多くの示唆を得ている。

　専任教員を務めているグロービス経営大学院のファカルティメンバー、講師つながりのプルータス・コンサルティングの野口真人社長と明石正道氏からも、さまざまな知見を拝借している。ネットでさまざまな情報が瞬時に手に入る時代、私が思考を深め、検証するうえで、池田信夫、冷泉彰彦、田坂広志、伊東乾、渋沢健、澤上篤人、ニューヨーク大学教授のアスワス・ダモダランなど、先輩諸氏の発信するブログや寄稿記事から、多くの知識と影響を受けている。

　そして、これまでさまざまな案件と職場で得た実体験と、グロービス経営大学院のクラスおよび企業研修での受講生との数え切れないやり取りが本書執筆の原動力であり、肥やしとなっている。

　私の前著『MBAバリュエーション』（日経BP社、2001年）と『会社の値段』（ちくま新書、2006年）や、監修としてかかわったNHKドラマ・映画「ハゲタカ」を通じて、投資銀行やファンドの最前線で活躍中の若い世代との接点も多く生まれ、彼らとの会話から得た現場感覚は、執筆上大いに役立った。

　企業価値算定には、このようなありとあらゆる人々の知見や価値観が「集合知」として反映されるものだ、という意味で、タイトルは「教科書」だが「バリュエーション『2.0』の世界」を私なりに表現したつもりだ。

　出版にあたって東洋経済新報社出版局の佐藤敬氏、グロービスの佐々木一寿氏と大島一樹氏には、細かな編集作業を含めて大変お世話になった。この場を借りて改めて感謝申し上げたい。

　最後に、私の身勝手な転職人生に付き合い、最高の執筆環境を整え、素朴かつ鋭い問題意識を常に投げかけてくれた家族の存在は、とても言葉では言い尽くせない貢献だったことを申し添えたい。

　　2016年5月

　　　　　　　　　　　　　　　　　　　　　　森生　明

バリュエーションの教科書　目次

Valuation

はじめに　iii

第 I 部
企業価値算定（バリュエーション）の基本構造

第1章　企業価値は財務諸表にどう表れるのか　002

1・バリュエーションの中核にあるシンプル公式　002
- 1.1　企業価値の全体構造　004
- 1.2　国内海外の主要企業で指標を比較してみる　006

2・バランスシートで企業価値をイメージする　010
- 2.1　日本と米国の「のれん価値」へのアプローチの違い　010
- 2.2　バランスシートに「企業価値」はどう表れるのか　012

3・損益計算書に株主価値はどう表れるのか　015

COLUMN 1　「わが社」と「自己資本」、そして「会社は誰のもの？」　019

第2章　基本公式から一歩深掘りする　021

1・借金と余剰キャッシュと企業価値の関係　021
- 1.1　実態B/Sと企業価値　021
- 1.2　「メタボ」気味な日本企業のB/S　024

1.3 債務超過会社の場合 027

COLUMN 2 カネは堆肥のようなもの 029

2・ROEの分解とその応用 031

2.1 ROEの分解式＝デュポン式 032
2.2 業態に合わせたデュポン式の応用展開 033

3・答えは市場に聞くしかない 040

第3章 DCF評価と倍率評価は、実は同じ 044

1・すべての投資価値算定はDCFから 044

1.1 割引率と期待利回りと資本コスト 046
1.2 割引率と倍率はコインの裏表 047
1.3 PERとDCF方式は同根 049

2・利益よりキャッシュフロー 050

2.1 足元の利益は会社の実力を正しく反映しているか 052
2.2 投資家が気にすべきは、フリーキャッシュフロー 054

3・M&Aの場合
―― 株式時価総額より企業価値、PERよりEBITDA倍率 057

3.1 企業価値と株主価値の関係 057
3.2 のれん価値は、将来キャッシュフローのプラスα 059
3.3 減損処理と負債の時価 060
3.4 M&Aによく登場する指標 ―― EBITDA倍率とは 061
3.5 万能な指標はない 066

COLUMN 3 短期的利益変動に気をとられすぎ？ 069

第 II 部

基本構造から読み解くM&Aの世界と資本主義社会の課題

第4章 日本の株式市場は「サヤ取り天国」なのか　074

1・ファンドによる買収攻勢の背景　075
―― 明星食品をめぐるTOB合戦

2・アベノミクス下でのアクティビスト活動　083
―― ファナックとFA業界のバリュエーション

3・米国の先進事例 ―― アイカーンとモトローラ　087

第5章 事業や業界を再編するM&A活動　090

1・大企業の「恐竜化」とコングロマリット・ディスカウント　090
1.1　コングロマリット・ディスカウントとは　092
1.2　なぜディスカウントが起こるのか　093

2・事業再編で企業価値は上がるのか　096
―― 総合電機メーカーの企業価値と業界再編の歴史

3・それでも規模は力なり ―― 敵対的買収は悪なのか　100

第6章 日本市場に押し寄せる資本の論理とその課題・限界　107

1・資本市場の役割は変遷する　108
- 1.1　第1ステージ──経済成長期　108
- 1.2　第2ステージ──経済成熟期　109
- 1.3　第3ステージ──21世紀型　110

2・「資本家」とは誰なのか　114

3・ファイナンス知識は役に立つのか　118
- 3.1　「役に立たない」と言われた時代背景　118
- 3.2　知らなければ困る時代の始まり　120
- **COLUMN 4** 欧米流は強欲礼賛、格差拡大なのか　123
- 3.3　理論の限界をわきまえることも大切　124
- **COLUMN 5** 正規分布とベキ分布の補足説明　128

第Ⅲ部
実務応用編
理論と実務の橋渡しの試み

第7章 リスクを数字にする方法　132

1・「リスク」の捉え方の差──経営者視点と投資家視点　132
- 1.1　ファイナンス理論上の「リスク」の理解　134
- 1.2　リスクと割引率と資本コスト　136
- 1.3　資本コストを「正確に」計算するには　137
- 1.4　理論値と実務現場感覚の差はなぜ生まれるのか　141

2・市場の現実からリスク＝割引率を読み取る 147

 2.1 実務における対応例 147
 2.2 不確実性と割引率——それはリスクの問題か成長性の問題か 149
 2.3 巡り巡ってr－gの問題に戻る? 151

COLUMN 6 不確実性とリスク——最後は「経験と勘」で決めるしかない? 153

第8章 経営支配権を売り買いするM&Aの世界 156

1・M&AはDCF方式で、の理由 156

 1.1 デュー・ディリジェンスの将来計画で買収価格が決まる 156
 1.2 DCF方式を使う際のよくある質問 159

2・シナジーと支配権プレミアム 165

 2.1 シナジーの再定義 165
 2.2 水平統合のシナジー 166
 2.3 相互補完シナジー 168
 2.4 支配権プレミアムの根拠 170

3・買収ストラクチャーと買収価格の関係 172

 3.1 買収対価の払い方 172
 3.2 資金調達・回収と買収価格 178

第9章 リスクマネジメントをオプションで捉える 185

1・オプション的思考 185

 1.1 オプションの基本構造 187
 1.2 ペイオフの合成 190
 1.3 オプションの価値算定 192

2・リアルオプションの考え方 196

2.1 シナリオ分析とディシジョンツリーとリアルオプション評価　197
2.2 リスクマネジメント力とリアルオプション的思考　197

3・リアルオプションを使った投資判断事例の研究 200

3.1 シナリオ策定によるリアルオプションの認識　201
3.2 伝統的な評価方法を適用した場合　204
3.3 リアルオプション思考をとり入れた場合　208
3.4 リアルオプションの理論価格評価とその難点　212

株式のオプション価値と事業再生　220

1・株主有限責任原則と株式のコール・オプション価値 221

2・事業再生の勘所 225

2.1 破産か再生か　225
2.2 継続事業価値の保全　226
2.3 スポンサーと他のステークホルダーのせめぎあい　227

3・事業再生のシンプル事例分析 228

3.1 債権放棄する銀行の採算　228
3.2 スポンサーの投資採算　231
3.3 DESという調整手段　232

おわりに　236

参考文献　241

索引　243

企業価値算定
(バリュエーション)の
基本構造

生き物である企業の価値を算定する基本構造は、意外なほどシンプルな1つの公式で表現できる。株式評価の定番指標であるROEやPERも、M&Aや減損処理の定番であるDCF方式も、すべてその公式を分解したり展開したものである。ここをしっかり理解すれば「木を見て森を見ず」に陥る心配はない。

Valuation 第1章

企業価値は財務諸表に
どう表れるのか

1 : バリュエーションの中核にあるシンプル公式

　企業価値算定と株価算定は深くつながっている。

　「ちょっとしたニュースで短期的に上下する株価、目先の利益で売り
買いを繰り返す株式投資家に、企業の価値を正しく測れるとは思えな
い」という意見は、特に近年世界規模で巨額の資金を運用するヘッジ
ファンドなどが市場の乱高下に拍車をかけている現実に照らし、もっと
もな面があるのは確かである。そのような投資家の活動とどう向き合う
かについても、本書で論じていくつもりだ。

　しかし、まずはさまざまな評価指標が何を物語っているのかを確認
し、株価以外に企業価値を測るより良い基準を見つけるのが難しいこと
を確認していきたい。

PBRとPERとROEの関係

　株価評価の伝統的な指標は、

　ROE（Return on Equity、株主資本利益率）：会社は株主資本（株
　　主の投資総額）から年率何パーセントの利益をあげているか
　PER（Price Earnings Ratio、株価収益率）：株価はその会社の生

み出す1株当たり利益の何倍か

PBR（Price Book-Value Ratio、株価純資産倍率）：株価はその会社の1株当たり簿価純資産（株主資本）の何倍か

の3つだろう。「株価×発行済株式総数＝株式時価総額」なので、PERとPBRは会社の株式時価総額を利益や株主資本で割ったもの、と表現することもできる。

この3つの指標は、

$$PBR = PER \times ROE$$

という形でつながっている。なぜなら、「PBR＝P（株式時価総額）/B（株主資本・簿価純資産）」なのだが、分母分子の両方に会社の税引後利益（E）を掛けて2つの式の掛け算に分解できるからだ。

$$PBR = \frac{P}{E} \times \frac{E}{B}$$

・P/Eは株式時価総額を利益で割ったもの、つまりPER（株価収益率）

・E/Bは利益を簿価株主資本で割ったもの、つまりROE（株主資本利益率）

この公式は意外に知られていない（分析ツールとして日常的には使われていない）が、これこそがバリュエーションの中核にあるシンプルな公式であり、この式に企業価値算定のすべての構成要素が凝縮されている。

企業価値の構造は、以下のように考えることができる。詳細は次章以下に譲り、まずは全体像のイメージをつかんでいただきたい。

1.1 ◆ 企業価値の全体構造

企業価値の本質は「のれん」の創造

　企業は生き物であり、単なる資産の塊ではない。企業の社会的存在価値は、事業資産に人材、アイディア・ノウハウの蓄積、ブランド、信用などを吹き込み、有機体としての付加価値を創り出す活動に求められる。これらの無形資産は、まとめて「のれん」と呼ばれ、煎じ詰めると、企業価値創造とは、のれんの創造にほかならない。

のれんの創造力＝PBR

　企業がどのような資産をどのような資金調達によって保有しているか、は貸借対照表（バランスシート、B/S）に表現される。のれんは企業の大切な資産だが、通常はB/Sの左側には表れない。一方でB/Sの右側の資本（純資産）は、株主からの出資と会社が蓄積した内部留保（利益剰余金）からなるが、上場会社であれば市場で株式時価総額という値段がつく。

　B/Sは左と右が合計額で一致するようにできているので、価値を創造している会社では、純資産の時価と簿価の差分だけB/Sの左側にそれを埋める資産価値が存在することになる。

　これが数値化されたのれん価値だ。したがって、企業ののれん価値創造力は純資産の時価と簿価の比率であるPBRで表現できることがわかる（図表1-1）。

　「PBRが1を下回る会社は存続している価値がなく、解散したほうがマシ」と言われるゆえんもここにある。

足元の効率性＝ROE

　一方、利益を上げることが営利企業たる会社の本来のミッションで、会社はそのために出資を募って資金を集め、資産に投資する。その活動が効率的に行われているかは、「株式資本利益率＝ROE指標」で表現できる。

図表1-1 | B/Sから見る株式時価総額と「のれん」・PBRの関係

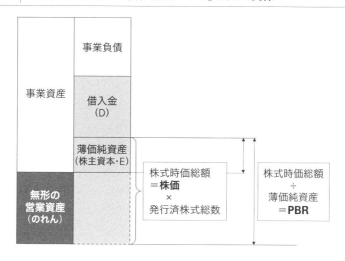

将来への期待とリスク＝PER

過去や足元の実績の事業パフォーマンスはROE指標で捉えられるとしても、それだけで企業の価値を測ると、短期的視点に流され、長期的な人材投資や研究開発が将来にもたらす利益が考慮されなくなりがちだろう。それは利益の将来に向けての成長期待と安定性・不確実性（リスク）として、PERという指標が表現している。

以上から、「PBR＝PER×ROE」の公式は、企業の存在価値の源泉であるのれん価値の創出力を足元の資本効率性と将来の成長期待の掛け算で数値化して表現できることを示していることがわかる。

さらに企業の将来期待の部分は、企業の将来の姿を描く力とそれが実現できるかのリスクを通じて数値化を試みる。これが、

企業価値＝企業が将来にわたって生み出すキャッシュフローの現在価値

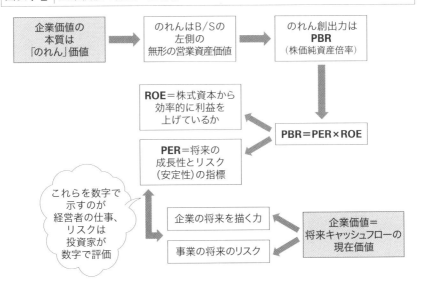

図表1-2　企業価値の算定の全体像

という、ファイナンスの世界での企業価値のグローバル共通定義である。

これらをまとめたのが、図表1-2だ。

中核部分を押さえたうえで、まずは財務諸表と株価や企業価値はどのような関係にあるのか、財務諸表にそれらはどのように表現されているのかいないのか、から詳細に入っていこう。

1.2 ◆ 国内海外の主要企業で指標を比較してみる

理屈はわかったが、市場で株を売り買いする投資家が会社ののれん価値を「正しく」測れるのか、と言われると首をかしげたくなる。これが多くの読者の本音だろう。

ものは試しに、日本と海外のさまざまな業種の代表的な企業について、2015年3月時点での株価と今期利益見通し、直前四半期決算である2014年12月末時点の純資産を用いてPBR、PER、ROEの3つの基本指

図表1-3 株価算定指標の内外比較

日本の代表的企業

会社名	トヨタ自動車	日立製作所	三菱商事	ファーストリテイリング
PBR	1.64	1.23	0.75	10.18
PER	12.7	16.6	10.5	84.5
ROE	12.9%	7.4%	7.2%	12.1%

海外ベンチマーク企業

会社名	ダイムラー	シーメンス	バークシャー・ハザウェイ	H&M
PBR	1.76	2.30	1.45	11.74
PER	10.6	9.8	17.3	25.7
ROE	16.6%	23.5%	8.4%	45.7%

注：基準時は2015年3月期（海外企業は直近四半期までの12カ月間）。
出所：SPEEDAデータベースより著者作成。

標を並べてみると、**図表1-3**のとおりとなった。

　まずは入口のPBRだが、日本を代表する有名企業の間でも数値はまちまち、特に学生の就職人気の最上位にいる三菱商事が1を割っている一方で、ユニクロのファーストリテイリングのPBR10倍以上という高さには驚かされる。

　そこで、この差がどうして生まれるのかの分析の第1ステップとして将来成長性（PER）と足元の資本効率（ROE）に分解して検討すると、ROEでは7％台と決して日本企業の中で低いわけではない三菱商事は、PERが10程度と低い。

　そこでなぜPERが低いのか、ということで他の総合商社と見比べてみると、いずれもPBRが1前後と低く、その理由はPERの低さにある点で共通している。ではなぜ、総合商社のPERが低いのかというと、将来の成長性がないというよりは、むしろこれまでの資源・エネルギー高の環境下で足元利益が最高に近い水準にあり、ここからさらに成長し続けると考えにくいから、あるいは、その利益を資源その他の事業への再投資に積極的に振り向けてきたが、それが結果的に高い買い物になり、含み損を抱えているのではないか、……といった具合に奥へ奥へと

分析を進めていくことができる。

　トヨタ自動車と日立製作所を比較すると、ROEはトヨタが高く、PERは日立が高い。これも、それぞれの業界の収益サイクルとの関係の中で理解することが必要だ。利益が1兆円以上という過去最高益水準にすでにあるトヨタは、ROEが高い一方で利益がそのまま右肩上がりに伸び続けると考えるには無理があり、日立は足元の利益水準がまだまだ低めだが、これからの伸びしろへの期待が高い、というのが市場投資家の見方なのだと解釈できる。

　ファーストリテイリングのPBR：10.18倍、PER：84.5倍は、私自身が1980年代のバブルの頃と2000年のネットバブル時代にしか見た記憶のないような高さだ。

　しかし、これは異常値なのかというと、そうでもない。海外の同業会社であるスウェーデン本拠のH&Mも、表には載せていないが、スペイン本拠でZARAブランドを展開しているインディテックスも、PBRが10倍前後あり、利益率はファーストリテイリングよりずっと高い。

　グローバルな投資家から見れば、ファーストリテイリングもこれらの競合他社並みに利益率が上がってくるだろう、だから成長性に期待できるのでPERを高く評価している、と読み取れる（と書いた半年後には利益減少予想を受けて、PERは40倍台に下がっているが、PBRは5倍以上の高い水準を維持している）。

　いずれにせよ、ファッション衣料業界は財務諸表には載っていない「ブランド」というのれん価値の占める割合が大きく、他業界に比べてPBRが大きくなることは納得できるだろう。

　このように、海外の同業との対比も外国人投資家の目線を理解するうえで重要だ。トヨタとダイムラー（ベンツ）を比較すると、利益率やブランド力がROEやPBRにそれなりに表れており、総合電機分野における日本の雄・日立とドイツの雄・シーメンスは、ROEに大きな差があることがわかる。ただこれは、この時期たまたまシーメンスが新興国向けビジネスの好調により好決算だっただけかもしれない。それはシーメンスのPERが三菱商事と同様に低いことから推察できる。

総合商社という業態は、日本独自で海外の比較対象がなく、そのため外国人投資家に理解しにくく評価されにくい面はあるだろう。そこで米国の「投資の神様」ウォーレン・バフェットが率いる投資会社のバークシャー・ハザウェイと対比してみた。バフェットというカリスマブランドを持っている同社でも、それほど驚くような数値にはなっていない。このことが世界的に投資ビジネスのリスクの高さを投資家が警戒しているご時世なのだと解釈できる。

　当然のことながら、PERとROEという2つの指標ですべてが説明できるほど、世の中は単純ではない。株価が解釈不能な動きをすることはあるし、指標の計算式に用いる「利益」や「純資産」にどの数字を用いるべきなのかだけで1冊の本が書けるほど、論点があるということからも、実際の市場株価形成が「複雑系」な世界なのは明らかだ。

　どの会計基準を用いて、どこまで評価損益などを取り込み、いつの時点のものを使うかにより、利益の数字は変わるし、「純資産」「株主資本」「自己資本」はそれぞれ定義が異なる（これらの用語のややこしさについては、章末コラムを参照いただきたい）。IFRSという新たな統一会計基準の導入が進んでいるものの、その妥当性についてはさまざまな意見が飛び交っている。

　それらの議論については会計士の先生方に任せるとして、ここで重要なのは、

　「何のために数字や指標を算定しているのか？」

という原点に常に立ち返ることだ。本書は、オーナー株主が持ち株を相続する際の相続税額を正しく算定するためでも、株主への配当可能額を算定するためでもなく、投資家が企業価値や株価を算定するため、を目的にしている。

　その視点で割り切って考えると、将来性と足元効率性の2つの掛け算としてのれん価値創出力（やその逆の資産価値の減損リスク）が評価できる、というロジックにはそれなりに納得感があり、投資家の期待に応える経営の舵取りをするにあたっての有効な指標となりうることが、こ

れらの事例から理解いただけたのではないだろうか。

　ROEとPERの2つについては、第2章でさらに深掘りしていくこととし、次に企業価値が財務諸表にどう表現されるかについて詳説する。

2：バランスシートで企業価値をイメージする

2.1◆日本と米国の「のれん価値」へのアプローチの違い

　「わが社の企業価値の源泉は、ヒトであり、信用であり、ブランドだ」という経営者は多くいるだろう。「企業は生き物、その有機体としての価値を金額にするのは無理」という言い方もよく耳にする。

　そして、会社を村落コミュニティのような運命共同体として捉える立場からすると、「株主至上主義で株価が上がること＝企業価値が高まること」という説明には強い違和感が残るだろう。

　この認識の差は、文化風土の違いに根ざしているので、溝は埋まらないと考えられがちだが、私はその差は実際はそれほど本質的に大きなものではなく、アプローチの違いにすぎないと思っている。

　まずは、この米国的と日本的な会社観のギャップを埋めるところから始めよう。

　現代経営学の創始者と呼ばれるピーター・ドラッカーは「株主価値を最大化するのが経営者の仕事だ」といった短絡的な言い方をしないので、日本でも共感者が多いが、そのドラッカーも1995年の『ハーバード・ビジネス・レビュー』の論考で「富の創出」について、次のように説いている。

　　Enterprise returns less to the economy than it devours in resources... It does not create wealth, it destroys it.（経済社会から受け取って使用している資源よりも少ないものしか経済社会に返していないとしたら、その企業は富を創造しているのではなく毀損

しているのだ。［筆者訳］）

　ドラッカーの説く「経済社会から受け取って使用している資源」は、いろいろなものを含むが、そのうちの重要な1つは「資本」だろう。ここにはカネとしての資本だけでなく、ヒトという人的資本も含めて構わない。企業は多かれ少なかれ、社会に存在する資本という経営資源を使用して事業活動を行っているのだから、使用した資本以上の価値を社会にリターンしない限り、企業価値を創造しているのではなく破壊していることになる。

　調達した資本の額を上回るだけの価値を生み出せていない企業は、極端な言い方をすれば、社会に存在している意義がない。その企業が社会からせしめている「資本」は、より創造力のある効率性の高いところに投資され、使われたほうが世のため人のためになる。

　ドラッカーの言葉をこのように解釈すると、かなり厳しいことを言っているのがわかる。**問題は投入された資源と、社会に返したリターンをどのようにして測ることができるか、だ。**

　とりあえずこのリターンを生み出す力を「超過収益力」と呼ぶ。その源泉は何にあるかというと、カネさえあれば誰でも買ってこられる最新鋭の工場設備のようなものではなく、優秀でモチベーションの高い人材、ブランド、信用、長年にわたり継承されてきたノウハウの蓄積、といった無形資産にある場合が多い。

　そして、これらはまとめて「のれん価値」、英語ではgoodwillと呼ばれる。企業価値を「独自の超過収益力を生み出し、社会に還元する力」だと考えると、その本質がのれん価値にあることがわかってくる。

　会計上のバランスシートに載っている資産は、通常買ってきたときの取得原価で記帳される。つまり、「カネさえあれば誰でも買える」たぐいの資産だ。事業活動とは、これらのカネで買える資産に人材、信用、ノウハウ、ブランドなどの「ソフトパワー」を注ぎ込んで、単なる資産の寄せ集め以上の価値ある存在にする活動にほかならない。

これは日本の良き経営者が、「企業価値とは、企業の社会的存在意義のことを指す」と言っているのと同じことで、世の東西を問わず企業価値の最も重要な部分は、のれん価値の形成にあるといえる。

欧米的なアプローチとの違いは、そののれん価値を「すべてのステークホルダーのものでカネでは買えない価値であり、売買の対象にして株主の儲けのタネにするようなものではない」と言って数値化・定量化せずに置くか、それらを将来キャッシュフローを生み出す源泉として投資の対象、資金調達の手段として用いるか、の差である。

上場会社の場合、その株式は値段がついて売買の対象として不特定多数の株主の間を転々流通する。その仕組みを使って市場から資金調達している以上、「金銭売買の対象ではない」では済まされない。それが経営者の株主に対する説明責任（アカウンタビリティ）といわれるものだ。

そして、オーナー一族やステークホルダーのみの出資によって成り立っている非上場会社の場合も、ゆくゆくはその株式が相続されて分散していったり、社員株主が定年退職したりして、株式を自由に譲渡できるようにしたいという要望が高まっていき、株式上場に向かっていくケースが多い。

資本主義という経済体制は、資本がのれん価値を創造する力のある企業に集まるのを良しとする仕組みだ。資本がのれん価値創造パワーにひきつけられて自由に移動する社会は、資本の配分を国家が一元的に管理し差配する経済体制より、ダイナミックでイノベーションが起こりやすい。そのことを20世紀の米国は体現してきたし、戦後の日本経済は、優秀な官僚による計画経済とともに、起業家精神を育む自由資本市場の仕組みを取り入れてホンダやソニー、ヤマト運輸のような企業を輩出して発展してきた。

2.2 ◆ バランスシートに「企業価値」はどう表れるのか

「B/Sから事業を読めるようになれ」などと若手ビジネスマンは先輩によく言われるものだ。経営者たるもの、当然それはできなければなら

ない。しかし、簿記・会計を学んで「繰延資産」とか「未収収益」といったB/S各項目の意味を理解しても、それで事業が読めるようにはならない。先に述べたとおり、B/Sには「のれん価値」は通常金額として表現されて載ってはいないのだから、財務諸表だけをいくら真面目に読んでも「企業価値」を数値として読み取れるようにはならない。

B/Sに「企業価値」がどう表現されうるのか、をイメージとしてつかまえる習慣づけは経営者が各種ステークホルダーへの説明責任を果たすうえで非常に役立つ。事業活動と結びつけてB/Sの構造を理解するために、会社設立からM&Aで他社に買収されたり株式上場するまでをB/Sの変化で追ってみると、図表1-4のようになる。

最初に出資金を集めて会社を設立し、銀行から長期の借金をして工場を建てたり敷金を払って店舗やオフィスを借りる（①）。

次に、工場を稼働して製品を作って在庫を持ち、完成品を掛けで販売すると、その間の資金繰りが必要になる。この「運転資金」をさらに銀行から短期融資を受けてまかなう（②）。

売掛金を回収して現金が手に入り、仕入代金、従業員の給料、家賃の支払いといった経費（これらはB/Sではなく、損益計算書（P/L）に計上される）を差し引いた残りが利益として会社に蓄積されていく。③が事業継続している会社のB/Sの基本形だ。

ここで、この会社の技術や人材、顧客基盤、取引先関係やブランドに惚れ込んで、M&Aしたいという企業が現れ、プレミアム付きの高い買収価格が提示されたとする。

M&Aの対象は、この会社なのだが、それは通常その会社の株式（株主資本）を高い値段で買うという形をとるので、B/Sの「資本の部」がその分だけ増える形になる。バランスシートという言葉のとおり、左側の資産と右側の負債・資本が同額であることがB/Sの鉄則、株式の買取り価格まで増えた右側を「バランス」させるために資産側が増加しなければならない。この増加部分が通常「のれん」といわれる無形の営業資産の価格である（④）。

図表1-4　会社設立からM&A・上場までのB/Sの変化

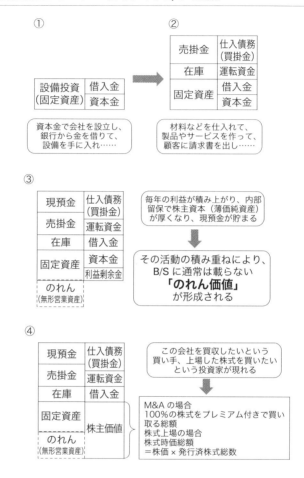

　このように「のれん」は、通常はB/Sに表れないが、M&Aなどの出来事を通じて数値化される。買収した企業はこの会社を連結する際に、買った株式の時価と簿価の差額を「連結調整勘定」という形でB/Sの左側に計上する。

会社が上場している場合も、M&Aされたのと同じ形のB/Sができあがる。設立時の出資簿価に長年蓄積した内部留保（利益剰余金）を加えた「簿価純資産」よりも、株価に発行済株式総数を掛け算した「株式時価総額」が大きい場合、この会社の「実態B/S」は④と同じ形になる。

　別の言い方をすると、会社が上場して株式に市場価格がついて自由に売り買いできる状況というのはM&Aされたのと同じことなのだ。特定の買い手がすべての株を買い取ればM&A、不特定の株主が小口細分化された株式を分散保有する形にすれば株式公開（IPO）と呼ぶにすぎない。

3 : 損益計算書に株主価値はどう表れるのか

　次に、財務三表の中で最もなじみ深い損益計算書（P/L）と株価や企業価値はどのような関係にあるのかを考察する。

　前節と同様に、まずはドラッカーの言葉から始めよう。先の1995年の引用文の前段には次のように書かれている。

> 　　What we generally call profits, the money left to service equity, is usually not profit at all.　Until a business returns a profit that is greater than its cost of capital, it operates at a loss. （われわれが一般に利益と呼んでいる、資本に充てられる残余のカネは本当の意味での利益では全くない。事業はその資本コストを上回る利益を上げない限り、赤字運営なのだ。[筆者訳]）

　株価をつける株主は、その会社の「利益」を当てにして投資判断をしている。会社が上げる税引後利益は株主のものだということが当然の前提となっている。そして、この引用では、税引後利益は「資本に充てられる（サービスされる）残余のカネ」と表現されている。

> 図表1-5 損益計算書（P/L）とステークホルダーの利益

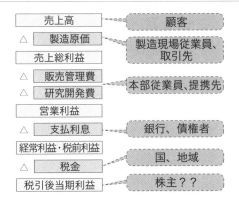

「会社は誰のものか」という議論がかつて日本でも盛んに行われ、「会社は株主だけのものではなく、その活動にかかわるすべてのステークホルダーのものだ」というのが多くの日本人の会社観に合う総括の仕方だった。それは会社のP/Lに数字で表現されている。

P/Lの数字がそれぞれどのステークホルダーの利益を表しているかを図示すると、図表1-5のようになる。

売上はその会社の製品・サービスを受け取った顧客が、その価値に応じて支払った対価の積み上げが数字（金額）で表現されたものだ。そこから取引先への支払や工場・店舗の従業員への給料が支払われ、さらに販売管理費や研究開発費として本部管理部門やエンジニアへの給与や、ライセンス供与先へのロイヤリティなどが支払われ、残った利益から、まず銀行などの債権者が貸付金の利息を徴収し、次に国や地域というステークホルダーが税金の形で配分を受ける。そして最後に残ったカネが株主の取り分となる。

会社の税引後利益がすべて株主のもので、すべてを自由に引き出して自分の懐に入れてよいのだ、と言われると違和感を持つ人は多い。

「配当金は当然株主のものだが、内部留保されたカネは会社資産、すべてのステークホルダーの共有財産なのだ」という主張はあるだろう。

しかし、会社が毎年計上する税引後利益のうち、どれだけを配当に回し、どれだけを利益準備金として内部留保に積むか、は株主総会決議事項である「利益処分案」の承認という形で株主が多数決で決める、株式会社制度はそういう建て付けになっている。大多数の日本の上場会社では、取締役会が提案する利益処分案（どれだけを配当に回すか＝配当性向）がそのまま株主総会で可決されるので、株主が決めているという自覚はないだろう。

　制度がそうなっている以上、誰かが会社の株式の過半数を握れば、あるいは過半数の株主総会委任状を集めることができれば、「過去に蓄積した利益もろともすべて株主への配当として吐き出せ」という主張は株主総会で賛成多数で通ることになる。

　ドラッカーはさらに厳しい。P/L上の税引後当期利益を残せば経営者の責任が全うできるかというとそうではなく、「資本コスト」を上回る利益を出して初めて経営者はその責任を果たしたといえるのだ、とおっしゃる。

　資本コストの考え方は本書の、そしてファイナンスという学問領域の、最も大切な概念の1つなので、資本コストをどうやって算定するかについては、後段でじっくり取り組まなければならない。ここでは、「株主投資家にとっての機会費用（オポチュニティコスト）」と捉えるに留める。

　株主投資家は、数ある投資機会の中からある会社に投資すると判断するにあたり、「他の似たような投資機会で得られる利益（リターン）ぐらいはせめて出してほしい。そうでないなら、他の投資にその資金を振り向けたほうがマシだから」と考えている。他に投資すれば満たされるリターンの機会を捨ててこの会社に投資するからには、その機会費用を上回ってもらわなければ困る最低のハードルが資本コスト、と理解しておこう。

　そして、会社の生み出す利益が資本コストを上回った部分が、株主価値や企業価値を創り出す源泉になる。それがどれぐらいあるかを算定できれば、株価や企業価値の適正水準を測る物差しになりうる。この考え

方で編み出されたのがEVA（Economic Value Added）という経営指標で、教科書的には、

EVA＝税引後営業利益（NOPAT）−投下資本×資本コスト

の公式で表現されるものだ。

　EVAは2000年頃にグローバル経営のスタンダード指標として流行り、業績評価基準として採用した日本企業も結構あると聞いている。ドラッカーもEVAが生産性指標であるべき、との文脈で上記を語っている。

　B/Sに「のれん価値」が直接表現されないのと同様にP/Lにも株主価値は直接表現されない。それをP/Lから読み取るには、以下の2つの大原則をわきまえておかなければならない。

①会社はすべてのステークホルダーのものかもしれないが、会社の税引後利益は株主のものである。
②株主投資家は、他に投資する機会を犠牲にして会社に投資（出資）しているのだから、経営者はその機会費用である資本コストを上回る利益を出すことが求められている。

　資本コストを上回る税引後当期利益を生み出す力を測る指標がEVAであり、それは前節の言葉でいうと、会社の「超過収益力」を測ることにほかならず、その力の源泉となるのがB/Sに載っていない「のれん価値」、という構造になっている。

　P/Lを図示した図表1-5からわかるとおり、会社の社員コストは原価や販管費や研究開発費として株主への配分に先立って支払われる。「ヒト」という資本も「カネ」という資本と同様に、給料というコストを上回る超過利益を継続的に出して初めて、のれん価値の重要な一部を構成することになる。そのような有能な人材をひきつけ、育成する力も会社の重要なのれん価値であることはいうまでもない。

COLUMN
1

「わが社」と「自己資本」、そして「会社は誰のもの?」

　30年前の留学時代、当時勤めていた銀行は私にとって「わが社」だった。諸外国学生との会話で勤め先の話をする際に何の違和感もなく、「My Bank」を連発していたら、みんなから「お前は銀行のオーナー一族なのか」「いやいや金持ち日本人は、みな1人1つずつ銀行を持っているんだよ」とジョークのネタにされた。

　株主総会の壇上で日本の社長は、「わが社」と株主に説明するが、米国のCEOは「Your company」と語りかける、というのは有名な話だ。

　「会社は誰のものか」という実益に乏しい議論がひと昔前日本で盛り上がっていたが、これも日本語の曖昧さが生み出しているように思われる。

　B/Sの資本の部を本書では「純資産」「株主資本」と呼んできたが、これは「自己資本」と呼ばれることも多い。そして、自己資本比率が高い会社は良い会社、という認識は広く定着している。

　もともと会計用語は欧米から来ているので、誰かが「Owner's Equity」をこう訳したのだろうし、その当時は個人事業的な会社が中心だったから、それで違和感がなかったのかもしれない。

　会社の「資本の部」の持ち主は株主であって、経営者ではない。「自己資本」における「自己」は株主のことであり、会社自身ではない。これがグローバル共通言語上の解釈だろう。しかし、日本では株主が出資したカネは借金と異なり、会社は返さなくてよいので、「会社自身の所有物」と理解されているフシがある。

　「自己資本」は借入金という「外部資本」「他人資本」と対立する概念とされており、その意味では株主は「内部者」ということになる。しかし、「モノ言う株主」を「内部の身内」だと認識する人はおそらく皆無だろう。

　近年、ROE経営が叫ばれる中で会社の「自社株買い」「自己株式取

得」が増えてきているが、これを説明しようとすると、ますます用語が混乱しているのがわかる。自社株買いにおける「自己」は確かに会社自身で、会社の保有するキャッシュで市場に出回っている株式を買い上げる行為だ。自社株買いの売り手は市場の株主投資家、これは会社と株主の間の売買であり、会社という「自己」が会社自身の資産を買い取るわけではない。「会社の自己株式取得により、会社の自己資本が減る」と言うとき、この2つの「自己」は違うものを指しており、なんともややこしい。会社が自己株取得するのは、株主の "your" shares であって、Company buys back "our" shares ではないはずだ。

履き違えを避けるために、「自己資本」という呼び方はやめて「株主資本」に統一したほうがよいのではないかと思っていたのだが、2006年の会社法施行により「純資産」「自己資本」「株主資本」はそれぞれ異なる定義（少数株主持分や新株予約権を含むか、評価差損益を含むか、など）を与えられてしまった。

「シンプルに考える」がモットーな私にとっては、説明の際の複雑さは増すばかりである。

第2章 Valuation

基本公式から一歩深掘りする

　バリュエーションの要素は、「PBR＝PER×ROE」に凝縮されていて、シンプルなのだが、シンプルなものほど奥が深い。実践で役に立つものにするには、いくつかの補足が必要だ。本章では、

> ①企業価値＝株式時価総額＋ネット有利子負債
> ②ROEの分解式としてのデュポン式とその応用
> ③答えは市場に聞くしかない

の3点を通じて、バリュエーションの奥地へもう一歩踏み込む。

1：借金と余剰キャッシュと企業価値の関係

1.1 ◆ 実態B/Sと企業価値

　前章の第2節で説明したとおり、のれん価値を反映した「実態B/S」では純資産（株主資本）の簿価と時価の差額として、のれん価値が表現される。では、「企業価値」はどう定義されて、実態B/S上にどのように表現できるだろうか。

　「企業価値＝その企業が将来にわたって生み出すキャッシュフローの

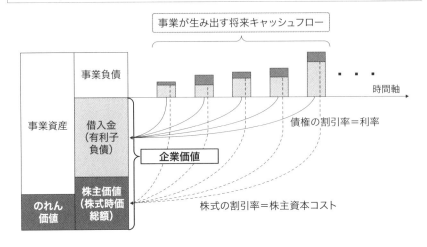

図表2-1 | 将来キャッシュフローの現在価値＝借入金＋株主価値

現在価値」がグローバルな共通定義であることはすでに述べた。

図表1-1に戻ると、企業価値は「事業資産と事業負債を使って生み出すキャッシュフローの現在価値」の形で、のれん価値を含んだ資産側の価値として表現されることになる。出資金と借入金を使って「カネで買ってきた」B/Sに載っている資産と、社会に付加価値を提供する超過収益力の源泉であるところの「のれん」資産の合計が金額として表現されたB/S左側の資産価値から、支払債務、未払い給与・税金、引当金などの事業負債分の価値を差し引いた額が企業価値となる。

事業資産と事業負債を使って生み出すキャッシュフローは、資金提供者である銀行などの債権者への元利払いをまず行い、残りが株主の取り分となる。これを図表1-1に加えると、図表2-1として企業価値が表現できる。つまり企業価値とは、債権者と株主という2種類の投資家にとっての投資価値であり、英語ではEnterprise Value（EV）と呼ばれる。

のれん価値を含んだ企業価値は、右側の借入金（有利子負債）と株主価値（株式時価総額）を合計したものと同じだ。

図表2-2 実態B/Sに企業価値はどう表れるか

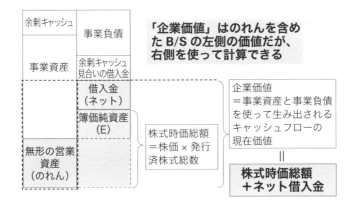

ところで、B/Sの左側にある余剰の現金（キャッシュ）は有利子負債の返済に充てて、借金と相殺（ネット）することができる。そこで図表2-2のとおり、

　　企業価値＝株式時価総額＋ネット有利子負債

となることがわかる。

　企業価値の定義として、この計算式をいきなり見せられると、「借金が多いほうが企業価値が高くなるのはおかしい」「キャッシュをたくさん持っていて無借金の会社は財務体質が健全な良い会社なのに、この定義では企業価値はむしろ小さくなるというのは違和感がある」という人も多くいるだろう。

　これは日本と米国の「企業価値」の捉え方ギャップの典型的な一例だ。余剰キャッシュを有利子負債と相殺して企業価値を計算すべし、という話は米国のファイナンス教科書ではあまり触れられない。米国のように株主の声が大きい世界ではキャッシュを寝かせておくことへの監視が厳しく、それなら借金の返済に充てるなり、自社株買いや配当を通じ

て株主に還元せよ、となる。

　他方、日本では長年、資金調達を株式市場より銀行に頼る度合いが強く、銀行も融資実績を膨らませるために、「歩積み両建て」と称して、たくさん借りてその一部を預金として置いておくことを奨励した背景事情の違いがある。

　日本のファイナンス実務書の中には、この違いを踏まえてEnterprise Valueを「事業価値」と訳し、それに余剰キャッシュや金融資産を加えたものを「企業価値」と定義することもある。海外企業や投資家と交渉する際に混乱しないよう注意が必要だ。

　「借金が多いほうが企業価値が高くなる」というのは、企業価値をグローバル定義のEnterprise Valueと同じものと考える限り、そのとおりだ。企業価値とは、あくまでB/Sの左側の事業資産価値であり、それをのれん価値を含めて算定するのに、左右同額というB/Sの性質を使ってB/Sの右側から計算しているにすぎない。

　別の言い方をすると、のれん価値を含めての企業価値を創造するにあたり、資金の調達方法は借金でも出資金でもどちらでも構わない、というスタンスなのだ。資金調達をより多くの借金に頼れば、その分だけ株主の取り分である株主価値は小さくなる。その意味で、「借金が多いほうが株主価値が低くなる」もそのとおりだ。

1.2 ◆ 「メタボ」気味な日本企業のB/S

　日本によくある財務健全会社、つまりキャッシュリッチで無借金な会社、の場合、ネット有利子負債がマイナスになり、

　　　将来キャッシュフローの現在価値としてのEV
　　　　＜株式時価総額（株主価値）

となる。これも実態B/Sをイメージするとわかりやすい（図表2-3）。

図表2-3 　無借金でキャッシュリッチな会社の場合の企業価値（事業価値）

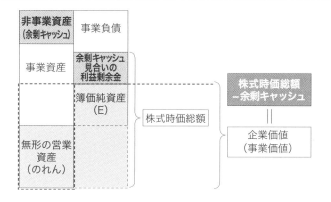

　この状態の会社の株主価値は、将来キャッシュフローの現在価値（EV）に余剰キャッシュの価値が加算されたものになるはずだ。「EV＝企業価値」と訳すと、「企業価値＜株主価値」ということになってしまい、企業は株主の所有物としての価値以上の社会的価値を持っているはずだという日本人感覚になじまない。

　そこで、EVは「事業価値」と訳して、これに余剰キャッシュ分の価値を加えたものを「企業価値」と訳す人も多くいることは、先に述べたとおりだ。

　「キャッシュリッチな会社が、ハゲタカ投資家に乗っ取られる」という出来事が起こる理由については第Ⅱ部で詳しく検討するが、原因は余剰キャッシュ価値を株価へ反映し損なっている場合が多い。

　本書では、企業価値はあくまで将来のキャッシュフローを生み出す源となる「筋肉」部分の価値として捉えるべき、それが投資対象としての企業のあるべき姿、余剰キャッシュを投資家に代わって備蓄・運用する活動とは切り離して評価したほうがバリュエーション上の課題が明確になる、との理解で「EV＝企業価値」として書き進める。

　M&Aにおける企業価値算定の場面やファンドなどの「モノ言う株主」が適正株価を算定する場面では、さらに進んで余剰キャッシュ以外の資

産についても、「余剰資産」と「事業資産」に区分けし、前者をキャッシュ同様に借金返済に使うべく相殺（ネット）して企業価値を計算する。

　これは、日本の会社の企業価値を算定する際に非常に重要な作業なのだが、先に説明したとおり、多分に日本企業に特有な現象なのか、欧米的なファイナンス教科書ではあまり触れられない。

　何をもって余剰資産と事業資産を区別するのだろうか？　それは第3章第2節で詳説する企業価値の定義とセットにして考えればよい。企業価値は事業から生み出される将来キャッシュフローの現在価値と定義され、本業からの営業利益を出発点として計算する。この場合、金融資産の運用利息・配当金収入や投資用不動産からの賃料収入は「営業外収入」になり、企業価値算定上のキャッシュフローに影響を与えない。キャッシュフローを生み出すのに必要な事業資産やのれんが企業の「筋肉」であり、余剰現金・預金や国債・投資用不動産などの運用資産は、その意味では過去の利益を体に蓄えている「贅肉」のようなもの、よって前者が事業資産で後者は非事業資産となる。

　企業価値は企業の筋肉部分の価値を算定するものなので、B/Sから贅肉を取り去って筋肉だけのB/Sの姿を把握しなければならない。そのため、余剰資産はすべて有利子負債（借入金）の返済に回してB/Sを筋肉だけの塊にシェイプアップする。それが「ネット有利子負債」という処理だ（ちなみに、この作業は事業会社を念頭に置いている。金融事業が本業の場合、有利子負債は、本業のための仕入の位置づけになるので、ここでいう「ネット」になじまず、キャッシュフローの定義も異なってくることには留意が必要である）。

　日本と米国のB/Sの見方の差は、たとえるなら、米国は「日本企業のB/Sは贅肉が多すぎる『メタボ』状態だ」と言い、日本は「米国企業のB/Sは『過剰ダイエット』状態でかえって不健康だ」と言い合っているようなものだ。

　日本の多くの会社にとっては、財務基盤を安定させ、事業の永続性を確保するための現預金などの備蓄を「余剰の贅肉」と呼ばれるのは心外だろう。金融危機が起こって銀行が急に融資方針を変えて貸しはがしを

行ったりする事態に備えておく必要性は、確かにある。

　財務基盤の安定は、社員や取引先が安心して事業に取り組む環境づくりのためであり、のれん価値の形成に貢献している、という意見もあるだろう。大切なのは、それらが中長期的なキャッシュフロー創出に貢献する資産として株価評価に織り込まれるよう、投資家の理解を得ることだ。

　過去の遺産を現経営陣と社員が食いつぶしながら企業が延命することや、少々の事業失敗があっても倒産しないという経営判断の甘えを許すことは、企業価値を高めることにはつながらず、株価評価にむしろマイナスになる。

　これが無借金の財務優良会社がモノ言う株主の突き上げを受ける理由であり、それはグーグルやアップルのような米国の財務健全企業においても同様だ。よって、彼らは常にM&Aなど投資を活発に行い、キャッシュフローを成長させ続けることに必死になり、使い道がなければ配当や自社株買いを行って株主に還元する。

　2015年暮れになって安倍政権は、350兆円にのぼる企業の内部留保に対し、「設備投資と賃金増加を行って、景気刺激に協力せよ」とプレッシャーをかけている。米国ではモノ言う株主が行う余剰キャッシュの使い方指南を、日本では時の政府が行っているわけだ。

1.3 ◆ 債務超過会社の場合

　余剰キャッシュを抱える場合とは逆に、借入金で資金調達して行った積極的な投資が裏目に出て、巨額ののれん代償却・減損処理を強いられる状態の会社の実態B/Sは、**図表2-4**の形になる。

　会社の生み出すキャッシュフローが足りず、資産の減損処理が必要となる状況で、借金の返済すらできなくなると株主価値はゼロになり、株式は紙屑同然となる。借入金も簿価割れして時価で評価しなければ、正しい企業価値算定とはならない。先の企業価値の定義

図表2-4 債務超過会社のB/Sにおける企業価値

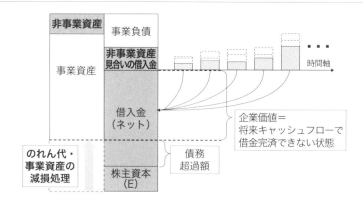

企業価値＝株式時価総額＋ネット有利子負債

では、有利子負債の簿価は時価と同じという前提だったが、債務超過会社の場合は、「事業資産の時価＝有利子負債の時価」となる。

会社の実態B/Sがこの形になると、銀行はまず計算上ネットするだけでなく、実際に非事業資産をキャッシュ化して返済することを求めるだろう。保有不動産が含み益を持っている場合は、なおさらだ。それでも債務超過が解消しなければ、銀行は融資の回収、つまり約定どおりの返済を要求し、借換えに応じなくなるだろう。

それにより、会社の資金繰りが苦しくなり、約束の期日に取引先などへの支払いができなくなる「債務不履行」「デフォルト」に陥る。すると、いわゆる「事業再生」の手続に入り、銀行をはじめとする債権者は、実態B/Sの左側の価値と同じ水準まで「債権カット」に応じざるをえなくなる。

そこに、しばしば「スポンサー」と呼ばれる新たな資本提供者が登場するのだが、このメカニズムについては、第10章で詳説する。

COLUMN 2

カネは堆肥のようなもの

　これはソーントン・ワイルダーという米国作家の「結婚仲介人（The Matchmaker）」という作品の中にある言葉で、原文は、

　　Money is like manure; it's not worth a thing unless it's spread around encouraging young things to grow.（カネとは堆肥のようなもので、若芽を育てるために広くばらまかれない限り、何の価値もない。）

　よく似た表現で、スチュアート・ワイルドという英国作家のこんな言葉もある。

　　Money is like manure, if you pile it all up in one place it stinks... but if you spread it around it makes things grow!（カネとは堆肥のようなもので、1カ所に積み上がると臭くなるが、広くばらまけば、いろいろなものを成長させる。）

　なかなか言いえて妙なたとえであり、資本主義経済体制が陥りがちな負の側面を戒める言葉だ。察するに米国や英国でモルガン、ロックフェラー、ロスチャイルドといった財閥ファミリーが強大な権力をふるっていた頃のものだろう。
　そして、この言葉と本文で引用したドラッカーの「経済社会から受け取っている資源より多くを社会にリターンしない企業は、富（価値）を創造しているのではなく毀損している」という言葉の問題意識は共通している。
　カネはしょせん何かを実現するための手段にすぎないはずだった。しかし、カネの発明はモノの流通を促進する「支払い機能」に加えて「貯

蔵機能」をもたらした。将来の不安に備えるための貯蔵が子孫までの一族繁栄のための貯蔵にエスカレートし、それが強さの象徴として崇められるようになり、結果として蓄財そのものが目的化してしまう。

そして大抵の場合、1カ所にずっと溜め込まれたカネは異臭を放つようになる。個人であれ企業であれ国家であれ、富が蓄積しすぎるとロクなことにならない。猜疑心が強まったり、醜い内部派閥争いを引き起こしたり、腐敗の温床になったりする。

将来見通しに不安要素が多くなり、銀行などの金融機関が「晴れの日に傘を貸して雨の日に取り上げる」と揶揄され、いざというときに頼りにならないことがわかってくると、多くの企業が内部留保を積み上げ、預金や国債のような元利保証はあるが運用利回りの低い形でキャッシュを多額に保有しがちになる。

不測の事態に備える必要は確かにあるが、それと同時にひたすら利益をあげては内部留保し続け長年使うことのないキャッシュを滞留させておくと、いずれは腐敗臭が漂い出すという上記の格言も心に留めておくべきだろう。

キャッシュを積み上げられる企業は、それだけの価値を生み出しているのだから、そういう才覚ある企業経営者が新しい事業分野にリスクをとって再投資をしたほうが、社会にとって意味あるカネの使い方となる可能性は高いのではないだろうか。

「カネは天下の回りもの」という表現が日本にもあるが、自然災害や気候の変化にさらされる島国で農耕社会を作り上げてきた日本人の多くには、むしろ「備えあれば憂いなし」のほうがしっくりくるようだ。

その結果、世界的にも高い水準の貯蓄率を誇り、外貨準備も世界第2位、個人金融資産が1700兆円も積み上がっている。それはよいのだが、1人1人が積み上げたその貯蓄が銀行や保険会社を通じて巨額の運用資金となり、それが国債購入で国の借金を支えて、結果的に利権構造を生み腐敗臭を漂わせることにつながっていないか、若い芽を育むための肥やしとなっているか、には注意を払わねばならない。それは政府や銀行・企業の偉い方々が考えることではなく、1700兆円の持ち主である個人が当事者意識を持つべきテーマのはずだ。

2：ROEの分解とその応用

　前章で企業価値の本質であるのれん価値創造力が「会社の将来性＝PER」と「足元の資本効率＝ROE」の掛け算でできあがっていることを説明した。

　後者のROE、純資産利益率ないしは株主資本利益率、という指標は毎年の決算数字が確定すると自動的に算出できる簡単な指標で、それは過去の実績に対する客観的評価であり、株主視点での経営効率を測る物差しの中心に位置づけられている。

　投資活性化による経済成長をめざす安倍政権下、2014年8月に出された経済産業省プロジェクトの最終報告書（いわゆる「伊藤レポート」）で欧米に比べて低い日本企業のROEをせめて8％ぐらいに高めなければ、とのかけ声がかかっている。今日、上場株式会社の経営陣でこの指標を意識していない人はほとんどいないはずだ。

　短期的要因や外部環境によって激しく変化する株価や、将来の成長期待という漠然としたものを数値化したPERについては、「そんなものに振り回されていては経営の軸がぶれる」と懐疑的な経営者も、会社の税引後利益と純資産（株主資本）という比較的「ハードな」数字によって作られるROEで経営パフォーマンスを測られ、株主から評価される点には、それほど違和感を持たない場合が多い。

　PBRを分母と分子に同じものを掛けて分解したのと同じ方法でROEの構成要因を分解していくと、事業経営上の大切な数値を掛け合わせて、この指標が成り立っていることがわかる。

　そして同時に、この分解作業によって企業価値向上のための財務戦略として伝統的日本企業に見落とされがちなポイントがあり、投資ファンドに狙われるポイントがあることもわかってくる。

2.1 ◆ ROEの分解式=デュポン式

会計を学んだ人はほぼ確実に習ったことがあるであろう財務分析の基本公式が以下である。

$$ROE = \frac{利益}{株主資本}$$

$$= \frac{利益}{売上高} \times \frac{売上高}{総資産} \times \frac{総資産}{株主資本}$$

言葉でわかりやすく表現すると、これは、

株主資本利益率＝売上高利益率 × 総資産回転率 × 財務レバレッジ
資本効率＝会社の収益性 × 資産効率性 × 負債の有効利用

と言い換えることができる。

これは、1920年頃に米国の化学会社デュポン社で考案された財務管理システムということで、デュポン式（デュポン・フォーミュラ）と呼ばれている。

株主の出資額に内部留保を加えた「株主資本」から、株主の取り分である「税引後利益」を何パーセント生み出すかという株主本位な指標だが、その分母・分子に売上高と総資産を掛け合わせることにより、会社経営者にとっておなじみな指標の掛け算で表現できるという発見は意味深い。

財務レバレッジとは

日本の経営管理手法上、最後の「財務レバレッジ」という要素は歴史的にあまり注目されてこなかった。レバレッジとは梃子（テコ）を意味する。

デュポン社が成長発展した頃の米国においては、野心的な起業家（ア

ントレプレナー）がリスクマネーとして集めた出資金を元手に、それを梃子にして多くの借入を行い、巨額な設備投資資金を調達したのに対し、戦後日本においては政・官・財界（銀行）が一体となって産業資本の蓄積と集中配分を行ってきた。

メインバンクによる長期融資という形で資本調達が行われ、その結果、財務レバレッジの使い方については、メインバンクが会社の財務安定性の観点から判断するので、会社財務担当者および経営陣は、その分前の2つの要素により集中すればよい、という役割分担になっていた。

ROEという指標そのものが2000年以降に注目されるようになった理由も、メインバンク依存の資金調達体質から増資などの直接金融にシフトせざるをえなくなった時代の流れに沿っている。

ちなみに、財務レバレッジを駆使した株主価値向上策が投資ファンドの常套手段でそのメカニズムについては第8章で触れるが、「そういう財務テクニックで株価を上げようとするのは好きではない」という人は、3つ目の財務レバレッジの要素を取りあえず外して考えても構わない。「利益÷総資産」、これは総資産利益率（ROA：Return on Assets）というおなじみな指標である。ROEとROAは、

ROE ＝ ROA × 財務レバレッジ

という関係でつながっている。

2.2 ◆ 業態に合わせたデュポン式の応用展開

分母と分子に別要素を入れて2つ、3つの指標の掛け算の形に分解する分析手法は、面白い発見につながる。経営管理指標としてこれまでバラバラに使っていた指標の相互のつながりが理解できるようになり、管理会計の世界でよく使われているKPI（Key Performance Index）をより立体的に、かつ企業価値や株主価値創造のドライバーとして意識づけられるようになる。

いくつか例を挙げてみよう。

商品仕入の投資効率指標

　流通業など、商品を仕入れて販売する形の事業でよく使われている「交差比率」という指標がある。これは、

$$交差比率 = 粗利益率 \times 在庫回転数$$

つまり、

$$\frac{粗利益額}{仕入在庫} = \frac{粗利益額}{売上高} \times \frac{売上高}{仕入在庫}$$

という計算式であり、いわば仕入商品の投資利益効率を測るROA指標になっていることがわかる。「交差比率は350ぐらいが適正」とは、在庫に対する粗利リターンが350％、たとえば35％の粗利益率で在庫が年間10回転すべきだと言っているのと同じことになる。1つの仕入商材全体の利益率を管理したいのであれば、さらに3つ目に、仕入在庫／総仕入額という要素を加えれば、

$$\frac{粗利益額}{総仕入額} = \frac{粗利益額}{売上高} \times \frac{売上高}{仕入在庫} \times \frac{仕入在庫}{総仕入額}$$

$$仕入効率 = 粗利益率 \times 在庫回転数 \div 仕入回数$$

となる。最後の要素は在庫をどれぐらい持つべきか、こまめに仕入発注するのか、一度に発注して倉庫に積み上げておくか、という判断であり、ユニクロが企画商品を大量発注してコストを下げてCMを打ち、売り場に積み上げて一気に売りさばく、トヨタはジャストインタイム方式で部材の中間在庫を極力持たないようにする、など業態や会社によって方式、それぞれの経営効率管理の仕方がある。

店舗投資効率の指標

　小売チェーンやレストランのように、店舗網を使って利益をあげる事業の場合は、全体の利益を店舗数や総坪数、あるいは購入客数を単位と

して式を分解することができる。

$$\frac{店舗利益}{店舗投資額} = \frac{店舗利益}{売上高} \times \frac{売上高}{店舗数（来客数）} \times \frac{店舗数（来客数）}{店舗投資額}$$

$$店舗投資効率 = 店舗利益率 \times \underset{（客単価）}{店舗当たり売上} \div \underset{（集客投資額）}{店舗当たり投資額}$$

　2つ目の要素は店舗当たり売上、3つ目の要素は店舗当たりの投資額の逆数（割り算）であり、単位を坪数にすれば、それぞれ坪当たり売上と坪当たり投資額というよく使う管理指標の掛け合わせ、ないしは割り算、として表現できる。

　店舗数の代わりに来客数を入れれば、2つ目の要素は客単価になり、それに伴い3つ目の要素は集客力への投資効率（立地や内装の集客効果）を測る指標になることがわかる。

会員囲い込み型ビジネスの経営管理指標

　携帯電話キャリア事業や、近年成長著しいスマホやネットのゲームアプリ会社の場合も同様で、上記の来客数が加入者数になる。このような会員制の事業モデルでは、加入者が1人当たり月間いくら使用料を支払うか、そして、その加入者獲得にどれだけのコストをかけるべきなのか、が収益をあげるカギである。

　それに加え、いったん加入者になっても、すぐに解約して他社に乗り換えられては困るので、その指標も重要なKPIになる。その場合は、以下のような分解式で経営管理することを株主投資家は経営者に求めることになるだろう。

$$\frac{当期利益}{株主資本} = \frac{当期利益}{売上高} \times \frac{売上高}{加入者総数} \times \frac{加入者総数}{純増数} \times \frac{純増数}{加入者獲得コスト} \times \frac{加入者獲得コスト}{株主資本}$$

ここには、加入者1人当たり売上、加入者の増加ペース（解約者とのネットで）、加入者獲得のためのコストが加入者純増につながっているか、といったKPIが登場してくる。

　最後の加入者獲得コスト／株主資本は、見慣れない指標であり、実務で使われているという話も聞かないが、このように要素分解することにより、「他社から乗り換えのお客様にはキャッシュバック」「加入後半年間は使いたい放題」といった形のキャンペーンのコストが、実は株主からのリスクマネーに支えられているので、利益度外視で野放図にやるなよ、という経営管理視点が浮かび上がってくる。

　どれが「正しい」分解の仕方なのか、はそれぞれの事業特性や会社の経営方針次第で違ってくるし、それで構わない。ここで私が強調したいのは、分母と分子に同じものを持ってくることで分解式は際限なく広がっていく、そして、すべてをROEの構成要素として捉えることができる、という経営視点の持ち方である。

「ヒト」が資産の会社におけるROE

　デュポン式が考案された20世紀初めは、大規模工場を作って大量生産する時代、対して21世紀は、カネやモノよりヒトこそが資産なのだと言われる。したがって、そういう21世紀型事業モデルにはデュポン式は適切でないと言う人がいるかもしれないが、それは大きな誤解である。会社の資産はヒトだというのなら、デュポン式の総資産を社員数に置き換えればよいだけのことだ。

$$\text{ROE} = \frac{\text{利益}}{\text{売上高}} \times \frac{\text{売上高}}{\text{社員数}} \times \frac{\text{社員数}}{\text{株主資本}}$$

$$= \text{利益率} \times \text{社員1人当たり売上} \div \text{社員1人当たり資本投下額}$$

　2つ目の要素が「社員1人当たり売上」という指標になる。3つ目の要素は、「株主の出資金で何人の雇用をまかなっているか」という指標で、〇〇人／円というあまりなじみのない数値になるが、その場合は、分母

と分子を逆にして掛け算ではなく割り算の形にすれば、最後の式は「社員1人当たり資本投下額」となる。

人材こそが資産であり、工場設備のための資本はそれほど必要ない業種として、弁護士、会計士、コンサルティング、デザイナーのような「プロフェッショナル・サービス」業が挙げられる。これらの事業は巨額な資本が要らない、いわばポスト資本主義的な業態だといえるだろう。

したがってこれらの業種は、株式会社の形態ではなく、「パートナーシップ」という個人出資の組合形態をとることが多い。私がかつて勤めたゴールドマン・サックスのニューヨーク本社は、当時はパートナーシップ形態だったし、長年経営顧問としてお世話になっている西村あさひ法律事務所は、弁護士総勢500名で日本最大の弁護士集団だが、こちらもパートナーシップとして経営されている。

このような組織は、リスクマネーを広く一般投資家から募る必要がないので、通常は株式市場に上場しておらず、株価や企業価値が市場で評価されることもない。事業のオーナーはパートナーと呼ばれる出資者で、オーナー兼マネージャー兼プレーヤーという形で仕事をする。パートナーは決まった給料をもらうのではなく、彼ら以外の従業員、つまりスタッフやアシスタントや中堅・若手プロフェッショナル、にそれぞれ給料を払った残りの利益を手にする。

それゆえ、パートナーに払われる報酬は、組織の「コスト」ではなく「利益の配分」となる。カネのみならず自分の体を資本として提供し、中堅・若手プロを資産として使って売上を作り、そこから彼ら・彼女らの給料および組織運営の必要経費を支払った残りを利益としてパートナー全員で分け合うのだ。

このような事業経営においてROEに相当する指標は通常、「パートナー1人当たり利益」となる。そして、「資産」を自分も含めたプロフェッショナルの総人数に置き換えるとROEの分解式と同様に、経営上の重要指標の掛け算として理解することができる。

$$\text{パートナー1人当たり利益}$$

$$= \frac{\text{利益}}{\text{パートナー数}} = \frac{\text{利益}}{\text{売上高}} \times \frac{\text{売上高}}{\text{プロ総数}} \times \frac{\text{プロ総数}}{\text{パートナー数}}$$

　この分解式の特徴は、最後の「プロ総数/パートナー数」が組織の「レバレッジ」として認識されている点だ。パートナー1人当たりが何人のプロを使うか、何人の食い扶持をまかなうか、が経営管理上の重要ファクターとなる。それは、使われる中堅・若手プロの側から見ると、パートナー昇格への門がどれほど広いか狭いか、というキャリアパス上の重要指標である。

　この分解式は、パートナーシップ用のものだが、通常の事業会社や金融機関においても、「パートナー」を「事業責任者」「マネージャー」「管理職」などと読み替えれば、同じようにヒトのパフォーマンス管理のKPIとして使えるだろう。

　そして、その指標分析はおそらく年功序列・終身雇用型の多くの日本の会社において「レバレッジ」が低い、つまり部下の数のわりに管理職が多く、「船頭多くして……」状態にあることを明らかにするだろう。であれば当然、「管理職1人当たり利益」は低くなり、その延長上で日本の経営者・役員の報酬が、米国のそれに比べて低い理由も説明できるかもしれない。

デュポン式とその応用における注意点

　デュポン式の「要素の掛け算の形に分解する」というアプローチは、ROEがなぜ高いのか低いのかの原因分析の貴重なツールになる。それだけでなく事業形態に応じて、その要素を柔軟に変形させることができ、経営管理指標として何が重要なのか（KPI）と比較的簡単に結びつけられることを示した。このツールを用いて自社と競合の比較分析やベンチマーキングをすることは、株価評価だけでなく、事業戦略の目標設定や結果検証に有効だ。

　しかしながら、これは決して経営課題を解決する万能ツールではな

い。各要素は独立しておらず相互に絡み合っているという点に留意しなければならない。

　定量的・統計学的にデータを分析する際には、要素（変数）が互いに独立して動くかについての正しい理解が重要なのだが、デュポン式の分解においては、各要素は独立どころか相互に打ち消し合う形で変動するケースがほとんどだ。

　社員数をレバレッジ要素として考える人的資産重視型事業を例にとってみよう。

　株主資本で何人の社員を雇用するか（マネージャー1人当たり何人の部下を持つか）が「レバレッジ」指標であり、これを高くすればするほどROEが高くなるように見える。しかし、実際には、このレバレッジに比例して売上高が増えない限り、2つ目の1人当たり売上高（生産性）が落ちてしまう。そうさせないためには、社員の数が増えても生産性が落ちないようにすべく、それなりの人材育成コストをかけなければならなくなるだろう。

　さらに出世のハードルが高くなることにより、優秀な中堅・若手が転職するリスクが高まるとするなら、彼らに相応の給料、ないしはインセンティブボーナスを支払ってつなぎとめる必要が高まる。これらは1つ目の要素である利益率（収益性）を下げることに直結する。

　分解式の各要素は、あちらを立てればこちらが立たず、という「トレードオフ」の関係にある。ゆえにそれぞれの要素（KPI）を別の責任者に管理させると、それぞれが自分の持ち場の部分最適をめざす結果、会社全体のベクトルがバラバラになり、全体としてのパフォーマンスがかえって低下してしまったりする。

　デュポン式が示唆するのは、これらの要素は全体最適のために連動させなければならない、掛け算の積を最大にすることが目的であり、それぞれバラバラに管理してはならない、ということだ。ヒトを増やせば売上が増える、という現場の要請に対し、それが1人当たり生産性と収益性の低下を補って余りある効果をもたらすか？　という問いかけをする

のが経営管理者の役割だろう。

　相反する要素間のバランスの最適化を計るところで、この分解式は最も威力を発揮する。そこに経営者が会社のパフォーマンスを総合的に管理する指標かつ株主が経営者のパフォーマンスを測る指標として、グローバル共通言語ROEが広く使われるゆえんがあるのだ。

　株主投資家としては「社員1人当たりに投下する資本は、少ないほうが投資効率は良くなる、だから、もっと人員を合理化したほうがよいのではないか」と考え、主張するだろう。これに対して経営者は、「それをやると優秀な人材が先に辞めてしまい、攻めの営業パワーが低下し、1人当たり売上が低下してしまう、リストラのための一時的コストがかかるうえに規模の利益のメリットが薄れ、長期的には利益率がかえって低下してしまう」と反論する。

　こういった議論を感情論でなく数字を使って建設的に議論するために、ROEの分解式とその応用は、経営者と投資家が共有すべきフレームワークを提供してくれるはずだ。

3 : 答えは市場に聞くしかない

　これまでの説明で、「PBRやPERの指標は株価がついている上場会社については当てはまるが、非上場会社や事業部門、プロジェクトのバリュエーションの場合はどうするのか」との疑問を抱く人もいるだろう。

　非上場会社のバリュエーションは、上場株式市場での値づけの情報をもとにするしかない、市場での値づけはブレが大きいこともあるのは事実だが、それを参照する以外のよりマシな方法はない、これが私の答えだ。

　マイホームを建てるために土地を買う場合、近隣の似たような土地が最近坪当たり何万円で売り買いされたか、が最も説得力のある算定基準だろう。賃貸マンションを借りる際にも、同じような広さ、立地、築年

数の物件のリストの中からベストなものを選ぶのが通常のやり方だ。つまり、似たような取引事例から「相場観」をつかむことが、納得のいく取引をするカギである。

　事業や会社を売り買いする場合も、自社の株を誰かに買ってもらう（＝出資してもらう）場合も、その原則は変わらない。会社の売り買いは規模が大きくかつ刻々と変化する「事業」が対象なので、土地や賃貸マンションより複雑な手順が踏まれるのは確かだ。それでも詰まるところは、「最近の似たような売買事例」から適正価格が導き出されるというやり方に行き着く。

　価格算定の専門家が時間をかけて膨大な作業と分析を行い、「正しい理論価格」を弾いたとしても、結局は「市場での実際の価格形成」にその拠り所を求めざるをえない。

　多くの参加者が活発に会社を売り買いする場はどこにあるのだろうか？　それが上場株式市場である。そこでは会社の所有権を細切れに小口にした「株式」が日々売買され、それぞれの会社に株価という「値段」がつけられている。株式市場で似たような会社にどのような値段がついているか、日々変動する株価の変動具合は市場全体の動きに比べてどういう傾向を持っているか、などの情報が企業価値算定のベースになる。

　市場での価格形成は、歪んだり、一時的要因に振り回されて過剰反応したりすることもあるし、短期的に小口で出たり入ったりする投資家がつける値段なので、会社を丸ごとM&Aしようとする場合とは異なるなど、補正を施す必要はあるものの、企業価値の算定作業は学者先生やその道の「プロ」が雲の上から理論的客観的に「正解」を導き出すものではない。

　市場での価格形成のみならず、企業の業績や将来見通しも外部環境によって刻々変化する。したがって、「適正」企業価値も変化せざるをえない。「景気にも外部環境にも影響されない絶対的な企業価値を算定せよ」というのは、しょせん無理な要求だし、ある時点での適正価格は1カ月後には適正ではなくなるものだと心得なければならない。

企業価値について誰もが納得すべき「理論的公正価格」が1つ存在する、という考え方自体を捨てたほうが企業価値算定の本質を理解しやすくなる。強いて言うなら、情報が万人に行き渡った状態で自由な売買市場でつけられる価格が唯一の公正価格なのだ。

　チャーチルがかつて「民主主義は最低の体制だ。それ以外のすべての体制を除いて」と喝破したとおり、バリュエーションについても市場に頼るよりマシなやり方は、なかなか見つかっていない。

　米国の金融界というと、最近は市場を攪乱して自分たちだけが儲ける強欲さの部分が強調されがちだが、伝統的には市場の声に謙虚な姿勢を持っていた。

　1970年代に「インデックスファンド」という市場全体と同じ動きをするファンドを開発したウェルズ・ファーゴ銀行の壁にはこんな言葉が刻まれていたという。

　「私たちのうちの誰も、私たち全員より賢くはない」

　少人数のすべての意見よりも大人数の平均的な意見のほうが、将来をより正確に見通すことができるという信条は、一党支配の下で一握りのエリートが策定する共産主義計画経済に対する米国自由民主主義者のアンチテーゼだったのだろう。

　私自身も1990年初頭に投資銀行に勤めてニューヨーク本社の資本市場部門で研修していた際、顧客のために高い値段（株価）を正当化し、その価格での公募増資を実現しようと頑張る担当者が、こうたしなめられる場面に遭遇した。

　「If you want to fight against the market, you do it. I won't.（市場とケンカしたいなら勝手にどうぞ。オレはやらないけどね）」

　顧客のために少しでも高く値づけしようとする担当者の気持ちはよくわかる。しかし、それは一時的には会社のためになるかもしれないが、高い値段で株を買わされた投資家の信頼を損ね、もっと大きなしっぺ返しを市場から食らって結局は会社のためにならない。

　資本市場部門での研修中、私はわけもわからずトレーディングルームに座って呆然と過ごしていただけなのだが、このやり取りは頭でっかち

に企業価値算定をしていた私の発想を根本から変えてくれた。どんなに精緻な理論と計算で「正しい」答えを出したとしても、その値段で投資家が（市場が）実際に売買する気にならないなら、その価格は「正しくない」のだ。

というわけで、拠り所は市場での価格形成に求めるしかないことに納得すると、**経営者が市場の声を読み取れるようになることと、投資家がブームやパニックに振り回されずに市場価格形成に参加することが重要**なのがわかってくる。会社の情報開示義務やインサイダー取引をすると逮捕されるというルールは、すべて市場での価格形成をフェアなものにするための仕組みだが、それだけでは足りない。

市場を本当の意味でフェアなものにするために重要な課題は、投資家が市場の声を形成する力と、経営者がそれを読み取って、彼らに働きかける力をどうやって身につけるかだ。その力は常識的に理解でき使い勝手の良いものでなければ多くの人に共有されず、市場参加者の層が広がらなければ価格形成も歪みがちになる。

だからこそ、バリュエーションの共通言語はシンプルなものにしたことはなく、「専門家」にしかわからない複雑な世界にすると、かえって市場の価格形成を歪めて、一部の強欲者が暴利をむさぼる温床を作ってしまう、と考える次第だ。

Valuation 第3章

DCF評価と倍率評価は、
実は同じ

本章では、ROEとともにPBRの構成要素となっているPERという倍率指標が、伝統的なバリュエーション手法とどうつながっているのかを深掘りする。

「利益の何倍」あるいは「利益何年分」という形で通常理解されているPERだが、ここでは若干の回り道をしながら、それがファイナンス理論の原理原則の中心にある収益還元方式・DCF方式という企業価値算定方式と同じ発想であることを示していこう。

1 : すべての投資価値算定はDCFから

企業への投資価値としての企業価値はDCF（Discounted Cash Flow）方式で行うというのがグローバル・スタンダードである。これは将来のキャッシュフロー見通しを立てて、それをリスク調整後割引率で現在価値にして合計する評価方法で、欧米のビジネススクールでは、もっぱらこの方式でバリュエーションを習得する。

それはわかりやすい言葉で表現すると、「企業価値とはその企業が将来にわたって生み出すキャッシュフローの現在価値である」となる。

少なくとも自由な市場取引の形で投資活動が行われる国々においては、この企業価値定義に異論を挟んでみてもあまり得るところはない

し、この定義を受け入れたからといって、日本の伝統的経営が外資的思想によって踏みにじられると過剰反応する必要もない。

この定義は企業価値算定のカギが、次の2つだということを物語っているにすぎない。

①企業がどれほどキャッシュフローを年間生み出していて、その将来成長の絵姿をどう描くのか
②その将来キャッシュフローを現在価値に直すために、どのような割引率（ディスカウント・レート）を用いるのか

①はいわゆる事業計画や経営戦略、そして企業の将来に向けての「成長性」（growth、略してg）の話であり、②はいわゆる「リスク／リターン」（risk/return、略してr）の話であり、それぞれ数値化して投資対象としての企業価値を算定する試みである。これらのパラメーターをもし数値化できれば、企業価値は以下のシンプルな公式に還元される。

企業が今生み出しているキャッシュフローをC、
将来の成長率をg、
その割引率をr、
とすると、将来キャッシュフローの現在価値(PV: Present Value)は

$$PV = \frac{C}{r - g}$$

この式は成長型永久債の現在価値算出方法として、ファイナンスの教科書の最初に登場する公式だ。なぜそうなるのかに納得できないと先に進めない人は、以下のたとえをイメージするとよいだろう。

まず、「放っておいても毎年Cという果実を永遠に生み出し続けることができる森林があり、その土地を買ってr％の投資利回りを得ようとしている投資家がいるとする。この投資家はこの森林（土地）にいくらの値段（PV）をつけるべきだろうか？」

この問いは、PVという元本がr％の利回りでCという果実（利益）を毎年生み続ける、と読み替えると、

$$PV \times r = C$$

という恒等式になる。両辺をrで割れば、

$$PV = \frac{C}{r}$$

でこの森の、この投資家にとっての適正価格がシンプルに計算できる。

次にCが一定額のままでなく毎年g％で成長し続けるとすると、この式はどう変わるかを考える。果実は毎年 $(1 + g)$ 倍に増えていく、これは高校の数学で習ったことのある（そして、多くの人は忘れてしまっている）等比数列だ。等比数列の総和を求めるには両辺に$(1+g)/(1+r)$を掛けた数列を上に並べて上と下を引き算すると、斜めに全部消えていって、

$$PV = \frac{C}{r - g}$$

だけが残る、これで最初の公式にたどり着く。

1.1 ◆ 割引率と期待利回りと資本コスト

果実を生み続ける森の値段という上記のたとえには、ちょっとした議論のすり替えがある。それは、将来の「リスク」を「割引率」に数値化するにあたり、この森を買おうとする人が期待する「投資利回り（リターン）」を使っているという点だ。

得体の知れない「リスク」なるものをパーセントという数字に直すにはどうしたらよいのか、はファイナンス理論の最重要課題なので、第7章でじっくりと取り組むが、それはリスク覚悟で投資する投資家が決めるべきことなので、投資家（市場）に聞くしかないという結論は第2章第3節で説明したとおりだ。

10％の利回りを要求する人しか買い手として現れないのなら、r =

10％が「正しい」答え、いやいや5％利回りでも俺は投資するという人が現れれば、r＝5％が「正しい」となる。実際に買い手が現れなければ、この森に値段をつける意味はなく、買い手がつかない値段を「これが正しい値段だ！」と主張しても、それは売り手の独りよがりにすぎない。

そして、買い手投資家がこの森林投資を成功と判断するか失敗と判断するかは、実際の果実（C）額が期待利回りを上回るか下回るか、による。期待利回りを達成することが最低ラインだと投資家は求めるだろうから、投資家が期待するリターン部分は、この森林経営におけるコストとして認識しておく、これが「資本コスト」の考え方だ。

地主という資本家は、この資本コストを上回るリターンが得られなければ、いずれこの森林を誰かに売り飛ばして、もっとリターンの得られる投資先にこの資本を移動させてしまうだろう。

というわけで、将来キャッシュフローを現在価値に割り引く際に用いるべき「（リスク調整後）割引率」と投資家の「期待利回り」とその投資資金を自社にひきつけておくための「資本コスト」は、立ち位置の違う視点から同じことを言っているという理解で、この先3つを特に区別せずに使うことをあらかじめお断りしておく。

1.2 ◆ 割引率と倍率はコインの裏表

企業はこのたとえの森林と同じように、将来に向かって永続的に果実という付加価値を創造して社会へ提供する存在なので、その価値も同様にして算定できる。

理論的にはこのようにシンプルな公式で表現できる企業価値だが、C、r、gの3つを正確に数値化することは不可能だ。果実を毎年実らせるためには手入れが必要で人手がかかるし、柵を作らなければ誰かに取られてしまう。台風の直撃被害を受ける年もあるし、悪い虫が繁殖して全滅してしまうかもしれないなど、この森のたとえですらシンプルすぎる。

ましてや、新しいモノやサービスを提供する事業活動においては、市

場や技術の変化も激しく、3年先のことも見通すのが難しいご時世である。「永遠に続く」という前提を聞いた瞬間に、真面目に聞く気が失せるという気持ちはよくわかる。

　しかし、株主として出資に応じた投資家の立場で考えると、「返してくれとは言えないカネ」として、会社に「永続的な」資金を提供しているのも事実だ。その会社が事業内容を変えたり合併して名前が変わろうとも、会社として生き続ける限り、その資本は返ってこない。将来の利益以外で投資資金を回収するためには、出資持分を誰かに売却するしかないのも、森林投資と同じだ。

　買ってくれる「誰か」は森を伐採して更地にしてホテルを建てる目論みの人かもしれないが、その場合も森が実らせる果実がホテル客の支払う宿泊料に変わるだけで、その土地が「永続的」に収益を生み続けるという本質は変わらない。株式出資というのは、永続性を前提とした資金なのだという理解で話を進めよう。

　C、r、gの3つをつかまえれば企業価値が算定できることがわかると、次にそれは「今のCの何倍？」という形で企業価値が算定できることへとつながる。

　今、仮に10億円のキャッシュフローを生み出している会社のr（割引率・投資家が期待する利回り・資本コスト）が7％で、そのキャッシュフロー成長率が2％と算定されたとすると、この会社の企業価値は、

　　10億円 / (0.07 − 0.02) = 200億円

となる。そしてこれは、

　　10億円 × 20、「キャッシュフローの20倍」

という倍率指標で企業価値の算定をしているのと同じであることに気づく。

1.3 ◆ PERとDCF方式は同根

　企業価値の算定の際には利益でなくキャッシュフローを用いることが多く、ファイナンス理論においても利益よりキャッシュフローで議論されるのが通常なので、ここまでキャッシュフロー（C）の現在価値という表現で進めてきたが、これを「税引後利益」（Earnings、略してE）と読み替えると、この公式はそのまま株価算定の指標となる（具体的なrやgの数値はキャッシュフローの場合とは異なりうる）。

　先のたとえで言う「森林が生み出す果実」は、株主投資家にとっては「会社が生み出す税引後当期利益」となる。そうすると適正株価Pを算定する公式も同様に

$$P = \frac{E}{r - g}$$

となる。PERは株価÷1株当たり利益＝P（株式時価総額）/E（税引後当期利益）なのだから、両辺をEで割ると、

$$PER = \frac{1}{r - g}$$

つまり、PERとは（r − g）の逆数であることがわかる。

　通常PERは、会社の将来への期待を表す指標だといわれるが、まさに将来の成長性（g）と、その実現に伴うリスクを反映した資本コスト（r）の組合せとして表現されていて、「将来キャッシュフロー（利益）の現在価値」というDCFの定義とPERは根っこの部分でつながっていることが見えてきた。ここにPERがグローバルな株価評価指標の定番であり、世界中の投資家や証券アナリストが、PER倍率によって「株価の適正さ＝のれん価値の創出力」を評価しているゆえんがある。

　それと同時に、株価が税引後利益の倍率で評価されるためには、第1章第3節で説明したとおり、税引後利益が株主のものだという共通認識が必要であり、「利益は株主だけのものではない」と言い出すと、株式投資家は何を頼りに値づけすべきものか、途方に暮れてしまうことも理解できるだろう。

（株主が実際に手にするキャッシュフローは配当金なので、利益の何パーセントを配当に回し残りを内部留保として再投資に回すかの「配当政策」が株価に影響するのは事実だ。その意味では、株価を決めるｇは利益の成長率ではなく、配当の成長率を使うのが正しい。しかし、ここでは内部留保資金は、これまでと同じ利益率を生み続ける投資に回り、結果的に配当の成長率と税引後利益の成長率は同じになるとの前提で議論を進める）。

　同じ業界にＡ社とＢ社の2社がいて、「将来の成長期待が高いＡ社はPERが25倍、将来見通しが暗いＢ社は10倍が適正だ」というとき、これは、現在価値を出すために、Ａ社は4％（1÷25 = 0.04）、Ｂ社は10％（1÷10 = 0.1）が、それぞれ適正な割引率だと言っているのと同じことだ。両社の資本コストｒは同じ業種なので同じ7％だとすると、

　　　Ａ社の成長率　　ｇ = 7 − 4 = 3％
　　　Ｂ社の成長率　　ｇ = 7 − 10 = △3％

　つまりＡ社は、毎年3％ずつ利益が伸びていく会社であり、Ｂ社は3％ずつ利益が縮小していくような会社だと市場が見ていると解釈できる。「永続的な成長率などわかるはずがない」と言いながらも、市場で価格がついて実際に売買が起こる限り、投資家はその数字を暗黙のうちに置いていることになる。

　そして、なぜそのような価格形成がなされているのかを数字に分解して検討することによって、割安・割高な会社を見つけ、株式投資で儲けるチャンスを見出せることになる。

2：利益よりキャッシュフロー

　以上見てきたとおり、将来キャッシュフローの現在価値の形で企業価

値や株主価値を計算するやり方と、今の利益やキャッシュフローの何倍かという形で計算するやり方は本質的に違いがなく、それらは表現の仕方の問題にすぎない。つまり、

企業価値＝足元の利益・キャッシュフロー × 倍率

という、これまたシンプルな形で企業価値や株主価値が計算できることがわかってきた。

　倍率はその企業の今後の成長性（g）やリスク（r）を数値指標にしたものであり、これを高めるには将来に向けてのビジョン、経営戦略、事業計画を明確に示すことが求められる。そして、それらは単なる絵に描いた餅ではダメで、その計画どおりに足元の利益やキャッシュフローが毎年、毎半期、毎四半期にあがる実行体制が整っていなければならない。計画をきちんと立てて、それを愚直に実行する体制を作る、これこそが経営者の仕事だ。

　その意味では、会社の持つさまざまな経営資源を活かした経営ができているか、現経営陣に任せていてよいか、という「経営の質（クオリティ）」を投資家が倍率という数値で捉えようとしていて、それが市場での株の売り買いによって株価として形成されている、と理解することができる。

　とはいえ、株価は日々変化する。バブルやその反動の暴落に都度振り回される経営者にとってはこんな簡単な公式で「経営の質」が測られると言われても、簡単に納得できるものではない。それはそのとおり、考え方や公式自体は非常にシンプルだが、みんなが納得する「正しい」評価に至るために、どの数字を使えばよいかを見極めるのは難しい。

　ファイナンスや企業価値算定は、「シンプルだが奥が深い」構造になっていると私が言うのは、この部分のことであり、そこにアナリストやファイナンシャルアドバイザーという専門家が登場してくる。掛け算の片方である「倍率」の部分の詳細説明は第III部に譲り、ここでは「足元の利益・キャッシュフロー」をどう捉えるべきなのかについて考え

る。

2.1 ◆ 足元の利益は会社の実力を正しく反映しているか

PERという倍率を掛けるもとになる「税引後利益」は、その会社の将来に向けての成長発展の発射台となる数字だ。どんなに精緻に成長ストーリーを描いて倍率・割引率を計算しようとも、発射台としてふさわしい足元の利益を使っていなければ、その算定結果はあさっての方向に行ってしまうだろう。

足元の利益は、その会社の現時点での実力を反映したものでなければならない。だからこそ、粉飾決算をして売上や利益を水増ししたり費用や損失を先送りする行為は、メディアで大きく取り上げられ、厳しく断罪されなければならない。

では、会計原則に基づいて数字を作り、監査法人のお墨付きを取った利益がその会社の真の実力を示しているといえるのだろうか？　これについても、特に近年見極めが難しくなっていると私は感じている。その要因は、たとえば以下のようなものだ。

①外部環境の変化が激しく、為替レートや資源価格、税制や政府の金融政策、戦争などの地政学的リスクの高まりやコンプライアンス対応など、足元の利益を一時的に大きく変動させてしまう要因が数多くありすぎる。

②国際財務報告基準（IFRS）の採用など、会計基準の変更により利益の数字が変化する。特に時価会計の導入により「減損処理」に代表される評価損益の計上が必要になり、これが大きく税引後利益を動かしてしまう。

③事業再編や撤退、M&Aなどを行った場合、足元の数字は将来のベースとして使うにはふさわしくなくなる（この点については、米国基準の損益計算書では通常、「継続事業からの利益」という表現で、発射台として使うべき利益を表記している）。

会計上の利益は、もともと実力ベースの収益力を示すためのものとして、そして、それを同業他社と同じ基準で算出して比較しやすくなるように、という趣旨で会計基準や会計原則が定められてきた。

　設備投資をすれば多額のキャッシュが出ていくが、その設備が5年間の耐用期間を持っているなら、5年に分けて減価償却という形で費用処理する。材料費や人件費を支払って製品を作ってもそれが在庫になっている間は費用として認識せず、製品が売れた時点で売上原価に計上する。こうすることで会計年度ごとの損益の凸凹を均し、歪みのないものにしようというのが本来の目的だった。

　ところが、近年の時価会計の導入は、資産価値の変動を評価損益として損益に反映することを求め、事業構造改革（リストラ）による支出を前倒しで一括損金処理することを求める。それらにより、かえって各年度の会計利益が乱高下して実力ベースの収益力、将来成長の発射台としての利益水準、が税引後利益では見えにくくなってしまった。総合電機メーカーなどが何千億円もの損失を計上して、翌年には「Ｖ字回復！」するのは、この時価会計主義の影響が大きい。

　確かに不良資産や損失垂れ流し事業のような「過去の負の遺産」をタイムリーに顕在化させるのは正しい処理なのだが、「利益×倍率」で投資価値を測ろうとする投資家は、この「一時的な要因」「特殊要因」を取り除いて利益を計算し直さなければ発射台としての利益としては使いにくくなる。

　このような理由もあり、投資判断について議論するファイナンスの領域では昔から「利益よりキャッシュフロー」「利益は見解、キャッシュは現実」と言われてきた。会計上の利益はどうしても裁量の余地があるので、粉飾・不正処理を行ってでも銀行などへの見栄えを良くしたい経営者と、それを監査する会計士との間にいたちごっこが繰り返されてきた。

　それなら、最初から裁量余地のないキャッシュフローで会社の実力を見ればよいのではないかという話になるのは当然の理、そこで「キャッシュフロー計算書」が登場する。

キャッシュフロー計算書は、会社をめぐるキャッシュの動きを、

①会社が事業運営から生み出す「営業キャッシュフロー」
②投資や資産売却によるカネの出入りを示す「投資キャッシュフロー」
③借入や増資、配当や自社株買いをカバーする「財務キャッシュフロー」

の3階建てに区分し、最終的には会計年度の初めに会社にあったキャッシュ（現金同等物）が年度末のキャッシュへと増減するプロセスが確認できるようになっている財務資料だ。キャッシュの残高は「事実」として確認できるので、裏帳簿と秘密口座を作るぐらいの悪質なことをやらない限り、監査法人や投資家を欺けない。

　キャッシュフロー計算書の作成が上場会社に義務づけられたのは、日本では2000年3月期からと意外に歴史が浅く、その作り方も複雑かつさまざまな表記法があって、「事実」をそのまま記述するといっても、読み解くのは結構難しい。

　時期や時価とのずれを調整したほうが、会社の「実力」がより正確に見えるというのが、そもそもの損益計算書の趣旨なので、長所・短所があり、結論としては「キャッシュフロー計算書」を「損益計算書」と対比しながら見る姿勢が重要だ。

2.2 ◆ 投資家が気にすべきは、フリーキャッシュフロー

　株価算定の基準となる利益は、株主への配当可能利益である税引後利益だ。これに対応する、企業価値算定の基準となるべきキャッシュフローは、フリーキャッシュフロー（FCF）と言われているものだ。

　「フリー」というのは文字どおり自由、つまり、株主がそれを配当として会社から抜き取ろうが、役員にご褒美として特別ボーナスとして支払おうが、内部留保して会社の新規事業投資に充てようが、既存の本業

事業に影響を及ぼさない「使途が自由な」キャッシュフロー、という意味である。

FCFの定義も厳密に考えると、ややこしい議論に入り込むが、簡単に言うと、

FCF＝営業キャッシュフロー－本業の維持更新のために必要な投資額

と計算される。

「営業キャッシュフロー」とは、税引後利益に

①減価償却（無形固定資産の償却も含む）
②会計処理上発生する評価性の損益や、持分法で取り込んだ少数株主持分損益
③法人税として計上した費用と実際に支払う税額の差
④運転資金の増減

などの調整を加えた、事業が実際に生み出すキャッシュの額で、投資のキャピタルゲインや損失は含まない数字である。

運転資金は事業を続けるうえで必要な資金で、成長している会社では通常、売上の伸びに応じて増えていく。それは売上拡大に応じて在庫や売掛金が増えて現金回収まで時間がかかる、かたや支払い側の買掛金の伸びは、通常はそれを下回るペースでしか増えていかないので、その間をつなぐための資金を会社が調達しなくてはならないからだ。

ちなみに、決算期末に向けて売掛金を増やして売上を大きく見せたり設備をフル稼働させて在庫を積み上げて原価を減らして利益を大きく見せるというのが、伝統的な決算のお化粧手法だが、これらは運転資金を増やす行為なので、営業キャッシュフローを見れば化粧分が剥がれ落ちた姿を確認できるはずだ。

運転資金の増加に既存事業の維持更新投資を加えた金額は、事業継続のために必要なキャッシュなので、それらを差し引いた残りが「自由に

「処分できる」キャッシュフローであり、投資家が受け取るリターンの源泉であり、企業価値算定の拠り所となる数値となる。

　DCF方式で通常使われるFCFの計算方法は、財務諸表としてのキャッシュフロー計算書と異なり、以下のような簡易な体裁をとっている。

税引後営業利益（NOPAT: Net Operating Profit After Tax）
＋減価償却費（Depreciation & Amortization）
△設備投資（Capex:Capital Expenditure）
±運転資金変動分（Change in Working Capital）
_____

＝ FCF

　これは多分に将来計画作成上の実務的な理由によるものだ。過去の事実を正確に記述する財務諸表と異なり、今後の実力ベースのキャッシュ創出力の見通しを立てる際には、

- ・本業以外の活動（資産売却や合理化など特別要因によるもの）は企業価値算定上、別途取り扱ったほうがよい（第2章第1節の「ネット有利子負債」算定の留意点を参照）。
- ・営業利益にいきなり税率を掛けてNOPATを出すと税金を高めに算定しがちだが、上記要因の税効果や買収資金調達に伴う借入金支払利息金額は、買収後の資本・負債構成をどうするかにより変わる、つまり買い手の方針次第なので、別途検討したほうがよい。

といった諸点を考慮しつつ、大枠をざっくりつかまえることが肝要なのだ。
　ならば、税引後利益倍率のPERではなくFCF倍率をいつも見ればよ

いではないか、と言いたくなるが、現実にはいくつか厄介な点がある。

　まず第1にFCFは、財務諸表のキャッシュフロー計算書には出てこない数字である。営業キャッシュフローも投資キャッシュフローも計算書にあるのだが、投資キャッシュフローには既存事業の維持更新以外の新規投資も含まれており、これを峻別するのは実際には難しい。利息や配当金のような、投資に伴って生まれるカネは営業キャッシュフローに含めるか、投資キャッシュフローに含めるか、記載方法が事業により会社によりまちまちだったりする。

　第2に、運転資金の増減も、年によってかなり差が出る。期末の売掛金や在庫残高が曜日の関係などでたまたま前年末より少なくなれば運転資金は大きく減り、その結果、営業キャッシュフローが実力以上に大きく見えることがある。

　そして第3に、上記で定義されたFCFはすべて株主の自由になるカネではない。なぜならば、借入金の返済や社債の償還のために必要な資金があり、これは約定どおりに返さなければ、債務不履行になって倒産してしまうからだ。FCFには既存負債の弁済スケジュールが考慮されていない点は要注意だ。

3 : M&Aの場合
──株式時価総額より企業価値、PERよりEBITDA倍率

3.1 ◆ 企業価値と株主価値の関係

　前節の最後で述べたとおり、将来のFCFをあてにして会社に資金を提供する投資家は、銀行をはじめとする債権者と、出資者である株主の2者だ。そこで、それぞれの取り分をバラバラに議論するのではなく、彼らを「投資家」として一括りにして会社の価値を評価すればよいという話になる。

　これがファイナンスの世界で言う「企業価値」（EV：Enterprise Value）で、M&Aの際に売買される対象が事業部門であればこの金額

が売買価格となる。売買の対象が株式の場合は、まずこのEVを算定し、そこから有利子負債を差し引き非事業資産を加えた「株主価値」が100％株式買取り価格となる。

第Ⅰ部を総括してその構造を「将来キャッシュフローの現在価値」と実態B/Sの形で表現した全体像とすると、**図表3-1**のようになる。

この将来キャッシュフローの分配の図を見てわかるとおり、株主は「もし債権者への分配をした後で残りがあれば」報われるという立場で「返してくれとは言えない」資金を提供する存在だ。FCFは、取引先や家賃や社員への支払いを済ませ、税金を納めた後に手元に残るカネであり、株主はステークホルダーの中で、とても不安定なリターンに賭けて「リスクマネー」を提供する立場にいる。

そして、銀行をはじめとする債権者は、株主資本というクッションが充分にない限り、通常はカネを貸してくれない。そういう奇特な資金提供者である株主を会社は丁重に扱う必要があるし、株主は損をする確率が高い分事業がうまく行ったあかつきには、ガッポリ儲かる構造にしておかなければ割が合わず、投資家が集まらない理屈となる。

そして株主は、そのハイリスクをコントロールする手段として、株主総会で経営者（取締役）を選ぶ権利を与えられ、それを通じていわゆる**コーポレート・ガバナンス**を行う。この仕組みが株式会社制度であり、資本主義経済体制の根幹を支えている。

「短期的視点で売ったり買ったりを繰り返す、不特定の株主をそこまで丁重に扱う必要があるのか？」という経営者の本音はわかるが、会社を上場するということは、最初の出資者が引き受けたリスクを自由に市場で他人に譲渡できる制度を利用しているのだから、「あなたに株を持ってくれと頼んだ覚えはない」は禁句だ。

短期に出たり入ったり自由にできる「流動性」があるからこそ、多額のリスクマネーが調達できている事実をわきまえなければならない。短期的視野の株主は来ないでほしいと経営者が思うなら、すべての株式を適正価格で自分が買い取って上場廃止してくれ、が正論であり、**マネジメント・バイアウト（MBO）** がこの手法である。

| 図表3-1 | 企業価値・株主価値算定の全体像 |

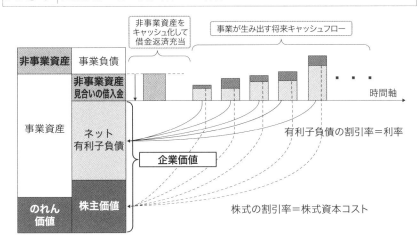

3.2 ◆ のれん価値は、将来キャッシュフローのプラスα

　生き物としての企業の存在価値は、「のれん」の部分に表れる。そして、のれん価値が増えて嬉しいのは、図表3-1から明らかなとおり株主だ。のれん価値の構成要素はブランド、人材、信用、蓄積されたノウハウなどだが、それらはすべて将来キャッシュフローを安定させ増やすことに貢献するからこそ価値がある。

　宣伝広告をしたり社会貢献活動をすることによって企業のブランド価値が高まるのは、長期的にはその企業の製品・サービスがより高く、よりたくさん売れることにつながるからだ。それらの投資や支出を補って余りあるキャッシュフローが生み出されて初めて、そのブランド価値はB/Sの左側にプラスの価値として表れる。

　人材もしかり、「優秀で忠誠心の高い人材こそが、わが社の資産であり、企業価値の源泉だ」と経営者は言うが、それはその人たちに支払っている給料を補って余りあるプラス α のキャッシュフロー創出に貢献していることが前提となる。

自分が受け取る報酬より少ない収益しかもたらさない社員をたくさん抱えている会社は、第1章のドラッカーの言葉を借りれば、「経済社会から受け取っている資源より少ないものしか経済社会に返していないなら、富を創造しているのではなく破壊している」ことになり、その価値はB/Sの左側にはマイナス数字の「負ののれん」として表現され、その分だけ株主価値が減少することになる。それは端的には「PBR＜1」という形で数字に表れる。

3.3 ◆ 減損処理と負債の時価

　借入金などの有利子負債の価値は、利息付きで元本がきちんと返済される前提でその額面価格と同じとするが、もし負債が過大で返済に不安がある場合、債権者は「貸倒引当金」を積んでその分だけ債権価値を引き下げる。

　それは**図表3-1**でいうと、将来キャッシュフローの見通しが元利返済をまかなえなくなり、それを金利という割引率で割り引いた債権の現在価値が額面価格より低くなっている状態である。

　IFRSに代表される国際基準では、B/Sの資産側を常に時価に評価替えすることが求められる。そしてその時価評価は、DCF方式で行うこととされている。銀行が融資してホテルやゴルフ場を作ったものの、それがバブル崩壊とともに借金返済に必要なキャッシュフローを生み出せなくなったとしたら、ホテルやゴルフ場資産が減損処理される。

　B/Sの左側の資産価値が下がると、右側も同時に減少しなければならないので、減損処理による大きな赤字が株主資本を食い潰す会計処理が行われる。株主資本をすべて充てて、それでも足りなくなる状態が「実質債務超過」だ。

　この場合、経営者や株主としては、「銀行だってリスクを取ってホテルやゴルフ場の建設資金を融資したのだから、その対象資産が減損した分は銀行が債権カットすべきではないか」と言いたくなるだろう。民事再生や会社更生の手続は、その際にどの債権者がどれぐらいのカットを

すべきかを裁判所を通じて決める仕組みだ。

ちなみに、債権債務の時価は金利変動によっても変化する。低い利率で発行した社債を市場金利が高くなったときに売却すると、額面割れの価格でしか売れなくなる。つまり、固定金利の社債の時価は、金利が上がると時価が下がる。そのような社債や国債をたくさん買った投資家は、インフレが起こると市場金利上昇によって、その投資有価証券の減損処理を強いられることになるのだ。

3.4 ◆ M&Aによく登場する指標——EBITDA倍率とは

株主投資家にとっての会社の投資価値の源泉は利益、それに対して、債権者を含めた投資家が見るべき企業の実力を示す指標は、フリーキャッシュフロー（FCF）、そこから利益やキャッシュフローの何倍？という倍率指標が、株価や企業価値の算定に重要であることを説明してきた。

ところが、事業会社のM&A価格算定の実務において最も登場頻度の高い倍率指標は、PERでもFCF倍率でもなく、**EBITDA倍率**（または**EV/EBITDA倍率**）という指標だ。この倍率指標は超重要で、私自身が事業会社の価格評価を頼まれたら、まず最初に見る指標なので、しっかり腹に落として理解しておくことをお薦めする。

EBITDAとはどういう数字か。イービットディーエーとかイビットダーと発音されるこの指標は、Earnings Before Interest, Tax, Depreciation & Amortizationの略で、文字どおり訳せば、利払い前税引前償却前利益、簡便には「償却前営業利益（営業利益に償却費を足し戻したもの）」と計算される。

この指標は、企業が本業から経常的に生み出す実力ベースのキャッシュ創出力をつかまえようとしている。

本業が生み出す利益である営業利益に、会計上は費用だがキャッシュが実際に出ていくわけではない代表的項目である償却費を足し戻したものがEBITDAだ。なぜ営業キャッシュフローでもFCFでもなく

EBITDAが良いのか？

　一番の理由はおそらく、計算が簡単かつ安定的で他社と横並びにして比較しやすい、という実務的なものだろう。DCF方式での企業価値算定のもととなるFCFは、前述のとおり、財務諸表の数字から算出するにあたり、投資キャッシュフローの取扱いが難しいが、EBITDAは『会社四季報』程度の情報でみんな同じ計算ができる。

　M&Aにおける買収価格算定において、まずつかまえるべきは、対象会社が本業からどれぐらいのキャッシュを生み出す力を持っているかだ。そして、M&A案件に買収資金を提供する銀行などがどこまで買収資金融資に応じるかの判断基準も同様だ。

　すでに設備投資をしっかり行っている会社の企業価値は、旧式設備をだましだまし使い続けている会社より高くなるべきだが、償却費を足し戻すことで、この差が企業価値の差に反映される。

　買収後の設備投資や運転資金管理、B/Sの右側にどれだけの借金を背負うか、およびそれらに伴う節税効果、は買い手の方針次第であり、買収価格評価には本来影響すべきでないという点は、前節FCFの議論と同様だ。

　必要投資や支払税金を差し引かれていないEBITDAではあるが、あくまで企業価値を倍率比較する際の分母、他社と相対比較して実力を測る指標として簡易に使いやすいという程度の話で、DCF方式にFCFの代わりに用いるべし、と言っているわけではない。

　現経営陣に経営を任せてその利益配分に期待する一般株主投資家と異なり、自ら経営主体となるM&A当事者の目線から会社や事業の投資価値を評価・算定する際には、PERよりEBITDA倍率が重視される背景は以上のとおりだ。

株価算定指標のM&Aバージョン

　「PBR＝PER×ROE」の基本公式を、

　　　株式時価総額→企業価値（EV）

税引後当期利益→EBITDA

簿価純資産→総投資額

と読み替えて変換すると、M&Aやファンド投資実務の世界でおなじみ
の指標の組合せが登場する。M&Aにおける企業価値算定やファンドが
どのようにして投資判断するかの解説は第8章のトピックなのだが、こ
こではその概要を先取りする。読んでもピンと来ない場合は、後半を読
んでからここに戻っていただきたい。

　一般株主投資家の視点とM&A・事業投資家のそれを対比した一覧が
図表3-2だ。

　用語の定義は一般的でないものもあるうえ、投資した時点と数年後
に価値を創出した時点の2つの時間軸があるので正直ややこしい。順を
追って、具体的数字を置きながら説明しよう。

　まずPBRに相当するのは企業価値/総投資額、事業投資家が負債
（借入）と株式（出資）の2つの形で資金調達して投資した総資本（IC:
Invested Capital）が数年後にのれん価値を生み出し、投資家に売却益
というリターンをもたらす度合いだ。これをEV/IC倍率＝「企業価値
創出力」と呼んでおこう。1000億円で買収した会社が5年後に2000億
円になれば、企業価値創出力は2倍だ。

　PERにあたるのがEV/EBITDA（EBITDA倍率）、ここではEBITDA
が100億円の会社をその10倍で買収、と想定する。

　ROEにあたるのがEBITDA/総投資額、EBITDAを投資家へのリ
ターンと見なしたもので、よく使われている名称ROIC（Return on
Invested Capital）とここでは定義しておく。足元100億円のEBITDA
が買収後5年で250億円に増えると想定すると、ROICは10%から25%
にアップする。すると、

$$\frac{EV}{IC} = \frac{EV}{EBITDA} \times \frac{EBITDA}{IC}$$

図表3-2	一般株式投資とM&Aなどの戦略事業投資の重要指標対比	
	一般株式投資家の場合	M&A・事業投資家の場合
投資の特徴	小口で出入り自由（流動性がある）	大規模、長期間保有
投資リターン	取得簿価と時価の差額	投資額と回収額の差額
企業価値 創出力指標	PBR	EV/IC 倍率 IRR
バリュエーション 関連指標	PER	EV/EBITDA
	ROE	ROIC
	税引後利益率	EBITDA マージン
	総資産回転率	同左
	投資対象会社のレバレッジ（D/E 比率）	投資資金調達におけるレバレッジ

という分解式ができる。言葉にすると、

　企業価値創出力＝EBITDA倍率×ROIC

これがPBR分解式の企業価値バージョンである。
　買収時点では、EV相当額を資金調達してM&Aの買収金額として支払うので、「EV＝IC＝1000億円」だ。5年後にそれが2倍に増える構造は、

$$\frac{2000}{1000} = \frac{2000}{250} \times \frac{250}{1000} = 8倍 \times 25\% = 2.0$$

と分解できる。5年でEBITDAを2.5倍に増やせれば、5年後のEBITDA倍率がその後の成長性鈍化を考慮して10倍から8倍に下がったとしても、企業価値を2倍にできる。やはりM&Aやファンド投資のリターンが倍率（＝買収後の企業の成長性）と投資効率（買収後の企業の収益率

改善効果）の掛け算で表現できる形になっている。

さらに総投資額は資金調達総額で、借入（D）と出資（E）の合計なので、「IC = D + E」と表現すると、掛け算の最後の要素は、

$$\text{ROIC} = \frac{\text{EBITDA}}{\text{IC}} = \frac{\text{EBITDA}}{\text{D}} \times \frac{\text{D}}{\text{D} + \text{E}}$$

と分解できる。EBITDA/Dの逆数は、借入がEBITDAの何倍あるかで、これはM&Aの資金調達の際に銀行がどこまで融資できるかを測る指標だ。

今回の例では1000億円の半分、足元EBITDA100億円の5倍を借りられたとすると、買収者自身は残り500億円を出資すればよい。500億円の借入金は買収後の事業が生み出すEBITDAによって5年で完済できるので、500億円の出資金のリターンは、

$$\frac{\text{EV}}{\text{E}} = \frac{\text{EV}}{\text{EBITDA}} \times \frac{\text{EBITDA}}{\text{D}} \times \frac{\text{D}}{\text{E}}$$

$$\frac{2000}{500} = \frac{2000}{250} \times \frac{250}{500} \times \frac{500}{500} = 8.0 \times 0.5 \times 1.0 = 4.0$$

と、出資額が5年で4倍になって返ってくるメカニズムが見えやすくなる。

式の後半部分は、総投資に占める有利子負債の割合、つまりレバレッジの掛け算だ。この分解式から、M&A・事業投資のリターンを極大化するには、足元EBITDAの何倍までを銀行から借りてレバレッジを利かせられるかが肝要なことがわかる。

また、企業価値を投資額の4倍にするとしても、それが3年で実現できるのか10年かかるのかによりM&A成功の評価は異なる。

その時間軸を考慮に入れた指標が**IRR（内部収益率）**だ。レバレッジを駆使し、投資回収スピードを上げるPEファンドのリターン極大化手法については、第8章で詳説する。

3.5 ◆ 万能な指標はない

　EBITDA倍率がどのような事業でも使える万能指標かというと、そうでもない点には留意が必要だ。章末コラムで取り上げている東芝の不適切会計事例でわかるとおり、営業利益が水増しされているとEBITDAも水増しされてしまい、キャッシュフローの実態をつかまえ損なってしまう。

　加えて以下3点、事業特性に応じて留意すべきポイントを挙げておく。

金融事業の場合

　金融関連事業の企業価値評価には、EBITDA倍率は通常使えない。金融業とは、有利子負債（預金等）を使って金融資産を運用する仕事であり、事業会社では営業外収支の欄にあがる収益こそが「本業」だ。このような事業では、分子の企業価値を計算する際の「利払い前利益」や「ネット有利子負債」の捉えようがない。

　総合商社に代表される、投資活動が事業の本業になりつつある業態も同様だ。投資先企業が連結対象になっている場合は、それらの営業利益・減価償却も本業の営業利益に加算されるので問題ないが、少数株主持分を保有する形で出資している場合、その持分相当損益は「少数株主持分の取り込み損益」として営業利益の外に計上されるので、「営業利益＋償却費」という簡便法のEBITDA計算式から漏れ落ちてしまう。

　その場合は、少数株主投資資産をそれぞれ時価評価したうえで「非事業資産」に含めて、有利子負債とネット処理する形で企業価値算定に取り込むべし、というのが教科書的には正しい処理だろう。

　しかし、総合商社がマイノリティ投資をすればするほど、ネット有利子負債が減るという計算は違和感が残る。むしろ持分法損益も営業利益に足したうえで計算するのが総合商社の実力を反映するだろう。だとしたら、出資先の減価償却費も持分相当分を足し戻さなければ、整合性のとれたEBITDA算定方式にはならない。

　さまざまな算定指標で見比べる限りでは、市場は総合商社の株価算定

をPERやPBR基準で見ているようだ。つまり、総合商社は金融機関や投資ファンドと同じ物差しで評価されていて、そこには不良債権や不良資産の評価が別途検討され、倍率指標に織り込まれることになる。

会員囲い込み型サービス事業の場合

近年増えているネット系企業やサービス提供型の事業においては、将来に向けての投資が固定資産への投資ではなく、技術開発やマーケティング投資の形で行われる。そして、これらの投資の多くが人件費や業務委託費となり、減価償却対象資産でないため、足元の利益を圧迫しやすい。

であれば、これらの先行投資費用を償却可能資産と同じように繰延資産化して利益額を調整したうえで倍率計算したほうが、同業他社間の「実力」比較評価として正しいかもしれない。

さらに、それらの事業モデルでは利用会員数がそのまま売上や利益に連動し、広告収入の増加につながり、いわゆる「ネットワーク効果」を生み出す形のものが多い。であれば、加入者数・会員数を分母に使った倍率が適切な指標となる。これは第2章第2節で紹介したROEの応用展開と同じ発想だ。

会員1人が長年にわたって支払う会費の現在価値を出せば、会員1人当たり企業価値が出せるし、ページビューをもとに算定される広告枠の「単価×広告枠数」という掛け算でも、売上や企業価値が算定できるだろう。

2014年にアリババという中国の電子商取引会社がニューヨーク証券取引所に上場した際の時価総額は2300億ドル（当時の為替レート換算で25兆円）と、トヨタ自動車より高くなった。巨大な中国市場での取引量が生み出す収益に5000万人以上の会員数がますます増加する想定を単純に掛け算すれば、ネット企業でそれほどの設備投資がいらないこの事業モデルの企業価値評価は、投資家にとって正当化可能かもしれない。

設備投資がカギの事業の場合

　EBITDAが設備投資額を考慮に入れていない指標である点も、企業価値評価において要注意だ。半導体事業や携帯電話会社のような装置産業・インフラ事業は、多額のEBITDAを生み出しているが、その多くを次世代への設備投資に振り向けない限り、競争力を維持できない。

　とすれば、このような事業の場合は、やはり投資キャッシュフローを差し引いた後のフリーキャッシュフローに対する倍率を使ったり、減価償却費分は再投資に回されるという前提で営業利益を分母にした倍率（EBIT倍率）と見比べながら企業価値算定することが必要になるだろう。

　かつてワールドコムという米国会社が不正会計処理で倒産したが、そのケースでは本来費用処理されるべき回線レンタル料が繰延資産計上され、増加する減価償却費はEBITDA計算で足し戻される、というこの倍率手法の特徴を逆手に取ったことが問題を大きくした一因だと言われている。

　JALは2010年に財務破綻したが、財務諸表の見た目以上に会社は傷んでいた。航空事業最大の投資項目であるジェット機の多くが長期のリース契約の形になっていて、バランスシートに載っていなかったのだ。旧式で燃費も悪く、大きすぎるジャンボジェットを中小型機に更改しようにも、リース残債務を一括償却しなければならず、それをやると巨額損失が明るみに出るので、身動きが取れなくなっていたのだ。

　EV/EBITDA倍率は決して万能ではない。大切なのは、

　　足元の利益やキャッシュフローは、債権者を含めたすべての投資家に対して、将来にわたってリターンを提供する源泉の実力を示すもの。倍率は将来の成長性gとリスク（安定性）rが将来キャッシュフローの割引率を逆数として数値化したもの。その掛け算で企業価値が創造される。

という原点に常に立ち返ること。そして、各業界ごとの事業構造・事業

モデルを頭に入れつつ、同業上場会社のさまざまな倍率指標を計算してみて、使えそうな指標がどれかをケースバイケースで探し当てていく。この姿勢が「正しい」企業価値にたどり着くための王道かつ唯一の道だ。

COLUMN 3

短期的利益変動に気をとられすぎ?

　2015年の日本ビジネス界では、東芝の「不適切会計」が大きな話題となった。経営陣は辞任し、市場の監視役である証券取引等監視委員会は73億円の課徴金を東芝に課すよう勧告し、損害を受けた投資家からは損害賠償請求訴訟が提起された。

　東芝のブランドイメージは傷つき、業績にも少なからぬ悪影響を与え、経営体制刷新後も株価は低迷を続けている。「利益×倍率」という形で適正株価算定するにあたり、発射台の足元利益が後になって変更されてしまっては、株式投資家としてはたまったものではなく、東芝のこの行為が厳しく処分されるのは当然だろう。

　しかし、このコラムでは、あえてメディアで語られがちな点とは異なるポイントを挙げておきたい。それは、「日本の投資家は足元実績や当期見通しの利益数字に注目しすぎて、過剰反応するところがあるのではないか」という点だ。

　2015年9月7日に半年遅れで発表された東芝の2014年度とその前年2013年度の修正決算数字を2015年第1集の『会社四季報』に載っていた実績および当時の当期見通しの数字と並べてその差を比較してみると、**図表3-3**のようになった。

　売上高の下方修正はそれほどでもないが、営業利益には大きな差が出ている。2014年度実績は見通しの半分、当期利益は大幅な赤字に修正されている。「経営陣にだまされた」と怒る株主投資家がいるのはうなずける。

しかし、キャッシュフローで見ると、どうだろうか。2014年度の見通し値は決算短信にはないので、2013年度でしか比べられないが、

　　営業キャッシュフロー　　2865億円→2841億円
　　投資キャッシュフロー　　△2465億円→△2441億円
　　財務キャッシュフロー　　△891億円で変更なし

と、営業キャッシュフローと投資キャッシュフローで24億円の入り繰りがあるだけだ。毎年の各キャッシュフローの合計は、年度末のキャッシュの増減額という「現実（ファクト）」と一致しなければならないので、裏帳簿でも作らない限り操作はできず、東芝もそこまではやっていない。
　「利益は見解、キャッシュは現実」と本文で述べたことは、東芝にも当てはまる。もし株主投資家が利益ではなくキャッシュフローに着目して株価評価をしていれば、「だまされる」ことにはならなかっただろう。
　この一件は海外経験を積んで帰国した、ある日本人ヘッジファンド・マネージャーが1年前、私にこう語ってくれたことを思い出させた。
　「森生さん、日本に戻って久しぶりに会社のIR説明会に出てあきれましたよ。日本のファンドマネージャーやアナリストの質問は、次の四半期決算の見通しが上振れしそうか下振れしそうか、そこにばかり集中していて、中長期的な会社戦略や方針に対する質問は皆無。あれでは経営者も気の毒ですね。日本の投資家はプロの機関投資家でさえ、四半期決

図表3-3　東芝の修正前後の決算比較

（単位：億円）

	会社四季報2015年第1集		決算短信2015年9月7日		差額	
	2014年度予想	2013年度	2014年度	2013年度	2014年度	2013年度
売上高	67,000	65,025	66,559	64,897	△441	△128
営業利益	3,300	2,908	1,704	2,571	△1,596	△337
当期利益	1,200	508	△378	602	△1,578	94

算数字の予想ゲームをやっているだけ、という雰囲気でした。『日本の投資家は長期的視点で米国のヘッジファンドは短期の投機家だ』とか言われますが、われわれのほうがよっぽど長期的な企業価値に着目していますよ」

そう言えば、さらに以前、彼と焼き鳥屋で飲みながら、「オリンパスが不正経理で株価暴落したけれど、むしろ割安で買うチャンスだよね。経理処理がどうだろうと、オリンパスの内視鏡世界シェア7割という実力に変化はないんだから」と話したこともあった。

早速、東芝とオリンパスの過去5年の株価推移の対日経平均の相対グラフで作ってみると、**図表3-4**のようになった。

2011年暮れに会計不正で暴落したオリンパスの株価は、1年半後には元に戻り、その後もさらに上昇している。東芝がこれと同じになる保証は全くないが、目先の利益が上がった下がったで大きく振れがちなの

図表3-4 東芝とオリンパスの株価推移（2011～15年）

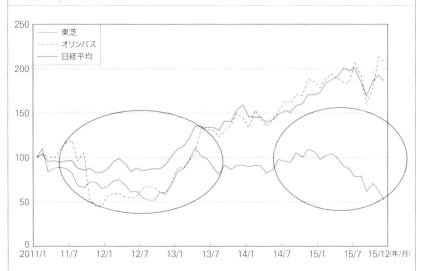

が日本企業の株価だとしたら、キャッシュフローをもとに本源的な企業価値を測る「物差し」を持っているファンドマネージャーから見れば、「逆張りで大儲け」のチャンスが転がっているのが日本の株式市場、ということになるのかもしれない。

第I部　企業価値算定（バリュエーション）の基本構造

第 **II** 部 Valuation

基本構造から
読み解くM&Aの世界と
資本主義社会の課題

世の中を騒がせる企業買収合戦や業界再編のニュース
も、外資系投資ファンドが短期に大儲け・大損する理由
も、バリュエーションの基本構造を理解するだけでそこそ
こ読み解けるようになる。それは同時に、金融理論が暴
走してバブルや世界金融危機を引き起こしてしまう現代
資本主義社会の課題を浮き彫りにすることにもつながる。

Valuation 第**4**章

日本の株式市場は「サヤ取り天国」なのか?

　1980年代後半の不動産・株式バブル、2000年前後のIT・ネットバブル、そしてリーマンショック前の2005〜07年にかけてのファンドバブル、と世界や日本の市場には何度も「バブル」と呼ばれる時期があった。2014年以降の株式市場の活況も、後で歴史を振り返ればバブルと呼ばれるかもしれない。

　そして、それらが起こっては弾けるたびに高値でうまく売り抜けた勝ち組と、高値でそれをつかんで暴落の憂き目に遭う負け組とが生まれ、富の格差が拡大する元凶の1つとなっている。

　2000年以降は特に「外資系」的な手法を駆使して大儲けする姿が目についた。彼らの一部はリーマンショックによる株価暴落で大損しているかもしれないが、最も賢明な人たちはその前にうまく売り抜けて、シンガポールあたりで優雅に暮らしていたりする。そして、そういう人たちはアベノミクスで日本の株式市場が右肩上がりになる気配を察知するといち早く行動を起こし、またまた大儲けする。

　そういった腕利きのファンドマネージャーは、一般人と何がそんなに違うのだろうか?　並外れた情報ネットワークを持っていたり、金融工学の粋を尽くしたデリバティブ取引に長けていたり、という面も確かにあるかもしれないが、意外と基本に忠実に「言われてみれば当たり前なこと」をやっているだけにすぎないことも多い。

　「なぜそんなに安く売るんだろう」「なぜそんな高い値段で買ってくれ

るんだろう」と心の中で不思議がりながら、勝負の世界は厳しいので「カモ」にする。その「カモ」とは、ブームや勢いに乗って高値で株を買ったり、逆に「あつものに懲りてなますをふく」で、これからが稼ぎ時のタイミングでさっさと売ってしまう投資家、つまり、会社の値段を測る物差しを持たずに売り買いの場に参加する人たちである。

そういう投資家が世の中にいる限り、この「カモ狩り」ゲームは何度でも繰り返される。2005〜07年の時期と2014年以降のアベノミクス環境下の2つの時期を取り上げて、外資系ファンド的な投資家が短期間に大儲けする仕組みを説明しよう。

1 ： ファンドによる買収攻勢の背景
——明星食品をめぐるTOB合戦

ライブドア、村上ファンド、ゴールドマン・サックスなどが「ヒルズ族」と呼ばれて浮き世離れした立ち振る舞いをしていた2005〜07年頃、スティール・パートナーズ（以下、スティール）という米国ファンドは、サッポロビールやブルドックソースなど、食品業界の株式を積極的に買い集めていた。そのうちの1つ、明星食品を対象としたM&A合戦の概要は次のとおりだ。

> 2003〜04年にかけてスティールは明星食品の創業一族などから株を買い取り、さらには村上ファンドが市場で買い集めた株式を譲り受け、持ち株比率23％の筆頭株主となった。当時の明星食品の株価は600円程度、この平均取得価格でスティールは23％の株式を取得したと想定しよう。
>
> スティールは経営陣にマネジメント・バイアウト（MBO）を提案するが、経営陣は同意しない。そこで、明星食品の株価が割安だと判断したスティールは、残りの株式をすべて買い取るべく700円のTOBを発表した。スティールに経営支配権を奪われることを危惧した明星食品の経営陣は同業の雄である日清食品の「ホワイト

ナイト」買収に賛同、日清食品は870円というプレミアム付きの
TOB価格を提示し、明星食品を総額約360億円で傘下に収め、争
いは決着した。

　この戦いの構図は、明星食品という「お姫様」をスティールという
「悪者」が強奪しようとし、それを日清食品という「白馬に乗った王子
様（ホワイトナイト）」が救い出してめでたく結ばれた、と描かれがち
だが、実態はやや異なる。明星食品の株式が誰から誰に移動したのかを
冷静に見なければならない。
　TOBは株式公開買付、これは明星食品という会社に対して行われる
のではなく、明星食品の全株主に対して「あなたが持っている明星食品
株を私に譲ってください、プレミアム付きで買い取りますので」と募集
する行為だ。そして、この状況で最大の株主はスティールである。
　つまり、交渉は日清食品とスティールの間で起こっており、当の明星
食品は蚊帳の外にいるのだ。TOBが「敵対的」なイメージを持たれや
すい1つの理由は、このように会社の売買が対象会社経営陣の頭越しに
直接株主の間で行われるからだ。だからこそ日清食品は、「明星食品経
営陣の賛同に基づき、『友好的』TOBを行っています」と、対象会社経
営陣の頭越しではないことを強調している。
　スティールとしては儲かればよいので、870円の高額TOBに応じて
持ち株を売却した。単純計算で、

　　360億円×（870－600）/870円×23％＝約26億円

の利益を得たことになる（スティールは2003年に株価200円台だった頃
から買い集めているので、実際にはもっと多くの利益を得たともいわれ
ている）。
　なぜそんなに儲かったのか？　答えは簡単、「安く買って高く売った」
である。安くスティールに売った旧株主と高く買った日清食品との間で
サヤ抜きをしただけのことだ。そこで問われるべきは、同じ会社の株価

が「600円でも十分高い」と思って売る投資家と、「870円でも十分安い」と思って買う投資家がなぜ同時に存在するのか、そこには適正株価を測る物差しは共有されていないのか、だ。

　当時の株価の動きと財務データを重ね合わせ、利益率やROE、PBR、PER、EV/EBITDAの倍率指標を明星食品、日清食品、さらにはインスタントラーメンの同業であるマルちゃんの東洋水産を加えた3社それぞれについて算出して対比すると、**図表4-1**のとおりとなる。財務データは、すべてその当時最新の『会社四季報』に載っている数字をそのまま使っている。

　表の最安値599円がスティールが「割安」と判断した株価、直近の株価883円は日清食品のTOB価格を突き抜けているが、これがTOBの展開を見ている市場がつけた明星食品の「適正価格」だと考えられる。

　第I部のロジックに沿って数値を見てみよう。

　まずはターゲットになった明星会社の最安値におけるPBRが1.0、つまり、「のれん価値なし」状態になっている。PERは当期見通し利益に対して29.1倍と非常に高い。かたやEBITDA倍率は5.4倍と低めである。設備投資をしっかり行い、減価償却が多く、法人税もきちんと払い、さらには実質無借金という健全な財務体質を持っていた明星食品は決して「ハゲタカ」の餌食になるような弱い会社ではない。「チャルメラ」や「一平ちゃん」などのブランド力ある商品をたくさん持っている。

　にもかかわらず、PBRが1.0で、のれん価値が株価評価に反映されていないように見える。「PBR＝PER×ROE」でPERはむしろ高めなのだから、割安評価の犯人はROEであることがすぐわかる。ROEは1〜3％と、同業の日清食品や東洋水産よりかなり低い。そしてROEを構成する利益率、資産回転率、財務レバレッジに分解してみると、明星食品の利益率が他社に比べて低いことがわかる。

　当時スティールは明星食品、日清食品のみならずハウス食品やブルドックソースの株式も買い集めていたのだが、その発想はきわめて単

純、PBRが低く、実質無借金とキャッシュリッチで、利益の安定している会社、である。

　食品業界はライバル同士が過酷なシェア争いをして体力を消耗しているのかと思いきや、多くの企業が実質無借金でそこそこ利益を出し続けている。この業界はオーナー系会社が多く安定株主が多いということも相まって、経営陣の適正株価水準についての意識は低かったと推察される。その脇の甘さをファンドにねらわれたのだ。

　そして、スティールがおそらく注目したもう1点は、日清食品との倍率指標のギャップの大きさだろう。世界のカップヌードルを有する日清食品は、ROEや利益率、そしてEBITDA倍率において明星食品より高い。しかしながら、資産回転率や財務レバレッジはかなり低いことも目をひく。なぜそうなるのか？　B/Sの左側に625億円という多額の現金同等物を持ち、借入金がほとんどない。現金同等物はそのままじっと抱いていても売上には貢献しないので、資産回転率は当然下がってしまう。

　『会社四季報』の数字をこのように倍率指標で整理し並べて見比べてみると、かたやPBRやEBITDA倍率から見て株価が割安の明星食品、他方キャッシュリッチな日清食品。ならば、日清食品がその余剰資金を使って明星食品を買収すればよいではないか、というアイディアが浮かんでくる。

　そこでスティールは、日清食品がホワイトナイト救済にやって来ると見込んで700円でTOBをかけて明星食品に揺さぶりをかけ、思惑どおりの展開に持ち込んだわけだ。

　では、870円という高いプレミアムのついたTOB価格はどこから出てくるのか？　このヒントも**図表4-1**にある。

　直近株価883円で、明星食品のPBRは1.4、PERは法外に高くなるがEBITDA倍率では9.0であり、これらの数字は、買収者である日清食品自身の直近株価に対するPBRやEBITDA倍率の範囲内におおむね収まっている。

　日清食品の経営陣としては、自身の株主から「なぜそんなに高い値段

図表4-1 製麺業界3社企業価値比較（2006年）

会社名		明星食品			日清食品			東洋水産		
企業価値		最高値	最安値	直近	最高値	最安値	直近	最高値	最安値	直近
株価	（円）	698	599	883	4,370	3,530	3,630	1,980	1,677	1,711
発行済み株式数	（億株）		0.413			1.215			1.092	
時価総額（MV）	（億円）	288	247	365	5,308	4,288	4,409	2,163	1,832	1,869
有利子負債（D）			24			29			123	
現金同等物（C）			97			615			328	
ネット有利子負債（D－C）			△73			△586			△205	
企業価値（EV）		215	175	292	4,722	3,702	3,823	1,958	1,627	1,664
総資産（A）			473			3,668			2,233	
株主資本（BV）			258			2,632			1,376	
損益データ	（億円）	2005/9	06/9予	07/9予	2006/3	07/3予	08/3予	2006/3	07/3予	08/3予
売上高		761	765	770	3,217	3,310	3,380	3,257	3,300	3,350
営業利益（EBIT）		13	17	17	320	375	360	199	200	203
減価償却費		18	16	16	60	59	59	83	85	85
償却前営業利益（EBITDA）		31	33	33	380	434	419	282	285	288
税引後当期利益		3	9	9	154	240	230	138	118	122
財務指標										
売上高営業利益率		1.7%	2.2%	2.2%	9.9%	11.3%	10.7%	6.1%	6.1%	6.1%
総資産回転率		1.61	1.62	1.63	0.88	0.90	0.92	1.46	1.48	1.50
レバレッジ（A/BV）			1.83			1.39			1.62	
純資産利益率（ROE）		1.3%	3.3%	3.5%	5.9%	9.1%	8.7%	10.0%	8.6%	8.9%
諸倍率		最高値	最安値	直近	最高値	最安値	直近	最高値	最安値	直近
PBR		1.1	1.0	1.4	2.0	1.6	1.7	1.6	1.3	1.4
PER	対 前期実績	87.3	75.0	110.5	34.5	27.8	28.6	15.7	13.3	13.5
	当期見通し	33.9	29.1	42.9	22.1	17.9	18.4	18.3	15.5	15.8
	翌期予想	32.0	27.5	40.5	23.1	18.6	19.2	17.7	15.0	15.3
EBITDA倍率	対 前期実績	7.0	5.7	9.5	12.4	9.7	10.1	6.9	5.8	5.9
	当期見通し	6.6	5.4	9.0	10.9	8.5	8.8	6.9	5.7	5.8
	翌期予想	6.5	5.3	8.8	11.3	8.8	9.1	6.8	5.6	5.8

注：直近株価は2006年11月17日時点、最高値・最安値は年初来のもの。減価償却費の予想値がない場合
　　は前年同額と仮置きして算定。
出所：東洋経済新報社『会社四季報』2006年秋版より著者作成。

を払うのか」と追及された際に、「この値段はウチの会社の倍率の範囲内です。われわれが買って経営すれば、それと同じ程度の倍率の会社になるはず、『高すぎる』という値段ではありません」と説明できる。これはシナジーの話や、ハゲタカに襲われた同業経営陣が気の毒で、同じ日本人経営者として見るに忍びなかった、という日本的義侠心を持ち出すまでもなく、「経営力のあるわが社から見れば、明星食品の今の株価は割安だ」という理由で買収は正当化される。

（だからといって、700円のスティールTOBに対していきなり870円に引き上げる必要はないだろうとは思うが、これは東洋水産や日本市場進出を目論む外資系食品会社が割り込んできて価格引き上げ合戦に巻き込まれるのを避けたかったと解釈しておこう）。

　株を買い集めて経営陣を揺さぶり、TOBで脅しをかけておいて、ホワイトナイトが登場したらさっさと株を高値で売り抜けて去って行く。こういうファンドの存在は社会にとって悪だと感じる向きも多いだろう。企業価値を創造したわけでもないのに多額の儲けがファンドの懐に落ちる世の中は、何かが間違っていると叫びたくなる気持ちもわかる。

　しかし、その怒りをサヤ取りファンドにぶつけても仕方がない。「本気で経営する意思も能力もないくせに」と言ったところで、彼らは「ただの」投資家なので、のれんに腕押しである。同じ業種で同じような事業を行っている会社、つまり、成長性も安定性も似ているはずの会社のEBITDA倍率がなぜ大きく乖離するのか？　無借金でキャッシュリッチな会社は、そのキャッシュ分だけ株価が上乗せされるべきなのに、そうならないのはなぜか？　これらは、

企業価値－ネット有利子負債(これがマイナスの場合は加算)＝株主価値

という基本の枠組みや、　PBR、PER、ROE、EBITDA倍率指標の意味とその相互関係を経営陣や市場参加者が理解して、適正株価の座標軸を共有していれば、起こらなかったのではないだろうか。

繰り返すが、この分析に用いたデータはすべて『会社四季報』に載っている。DCF評価もインサイダー情報も必要ない。慣れてしまえば、表計算ソフトを使ってすぐに作成できるし、最近はそういう指標付きのデータベースも比較的安価で手に入るようになってきている。

　スティールの大儲けに貢献したのは、一義的には彼らが「割安」と判断した価格で株式を売った株主だ。創業家一族にとっては十分高い値段だったのかもしれないが、結果論としてはもったいない話だ。村上ファンドはより安く市場から買い集めたのだろうから、そこで村上ファンドに売ってしまった株主は残念な思いをしているだろう。

　株式投資はしょせん自己責任、安く売るのも自由なのだから、外野がとやかく言う話ではないが、「価格算定の物差し」を持たずに売ってしまい、まんまとファンドの大儲けに加担したという意味では「カモ」と言われても仕方ない。

　善良なる株主が市場の株価が正しいと信じてカモになってしまったとしたら、責められるべきは自社の適正株価に無頓着だった経営陣と、それを容認してきた日本の株主投資家（特に市場での価格決定に大きな力を持っているはずの機関投資家）、ということになる。

　M&Aの対象になることによって自身の居場所を失う経営陣が、「虚業のファンドが経営手腕なしに会社転がしのマネーゲームで大儲けするのはけしからん。こんな行為はコソ泥みたいなものだ」と怒る気持ちはわかるものの、株価評価の基本を理解し、自社の株価を適正水準に保つための情報開示とIR活動を怠る経営者は、株主から預かった多額の現金を家の玄関口に積んだままカギも閉めずに寝ているようなもので、盗まれたほうも悪いと言わざるをえない。

　そもそもサヤ取りファンドは、株価が「割安」でなければやってこない。そして「割安」という言葉のとおり、それは同業他社との倍率比較に基づく相対評価の問題で、市場全体の株価水準が高すぎるとか低すぎるとかいう話とは別問題だ。

　その後のスティールに対する日本社会の対応も非常に興味深い。いわ

ば、「彼らに売らない、彼らから高く買わない」という対応をしたのだ。スティールは2007年、2匹目のどじょうをねらってブルドックソースをターゲットにTOBをかけて経営陣と争ったが、こちらは「ポイズンピル」という買収防衛策の発動が株主総会の特別決議を経て承認され、会社株主から追い出される結果となった。スティール以外の株主の大半は、「TOBによって高値で売る機会を失なっても構わない」という判断を下したことになる。

その後、スティールはアデランスの大株主になり、経営支配権を実際に握ったものの、社長人事などで迷走して会社業績をうまく上げられず、高値での売り抜けに失敗した。そうこうするうちにリーマンショックが起こり、彼らは日本市場から撤退した。

「欧米的な強欲資本主義者を撃退」で、めでたしめでたしなのだろうか？　「現経営陣の方針にそぐわない買収者に株主がプレミアム付きで自分の持ち株を売却する自由を認められないのが日本の株式市場なのだ」で果たしてよいのか？

この事例の日清食品のように、企業価値を上げられる力量を持った会社が株価低迷会社をM&Aすることは良いことだとしたら、その機会を目ざとく見つけたファンドが先に動いて仲介役を果たし、サヤ抜きで儲けるのはインサイダー情報を利用しない限り、犯罪ではない、それを「悪い」と決めつける風潮は、現経営陣の保身を助けるだけなのではなかろうか？

スティールの一連の活動が日本の株式市場に大きな問題提起を投げかけたのは確かだろう。スティールが撤退し、村上ファンドの村上世彰氏がインサイダー取引で逮捕されたからといって、会社の値段を測る物差しを経営陣や株主投資家が共有し、市場を作る努力が不要になったわけではない。

2 : アベノミクス下でのアクティビスト活動
　　──ファナックとFA業界のバリュエーション

　2005～07年に日本を席巻した投資ファンドの活動以降、多くの日本企業も自社の株価水準に意識を払うようになり、配当政策を見直したり自社株買いによってROEを引き上げたりしている。その結果、安易に割安株を見つけ出してサヤ取りする機会は、ひと昔前に比べて減ってきたかもしれない。

　しかし実際には、2013年以降の円安・株高基調の流れの中で「アクティビスト」（モノ言う株主）と呼ばれるファンドの活動は再活発化した。特に海外の投資家にとっては円安で日本企業の株価に割安感が出ており、アベノミクス経済政策の下で株価上昇基調が定着している環境で、日本株投資をより積極化する理由は十分に理解できる。

　アクティビスト・ファンドがこのような環境下で「割安」株式を見極める方法は、基本的にこれまで話してきた手法と変わりない。『会社四季報』情報にもうひと分析加わった程度だ。

　米国のアクティビスト・ファンドの中で日本市場で際立った動きをしている、ダニエル・ローブ率いるサードポイントをその代表例として取り上げて検討しよう。サードポイントは2013年以降ソニー、IHI、ファナックといった日本企業の株式を5％以上の規模で買い集め、経営陣に株主価値改善提案を出し、結果的にそれに反応して株価が高まったところで利益を確定して立ち去る、というパターンを繰り返してかなり巨額の利益をあげた模様だ。その提案とは、以下のとおりだ。

・ソニー……優良なエンタテインメント部門が業績低迷のエレクトロニクス部門に隠れてしまい、その結果、ソニー全体の株価が不当に低くなっている。エンタテインメント部門を分離独立して上場させ、その価値を顕在化させたほうがよいのではないか。
・IHI……かつて工場敷地だった豊洲の広大な保有不動産は、東京オリンピック招致により時価が3500億円ほどに上がっている。

こんな良い立地に本社を置く必要はないので、移転して商業施設やホテルを建てるなど、有効利用してこの土地の価値を最大化すべきだ。

・ファナック……工業用ロボットの卓越した技術力で収益力は高く、円安環境下で輸出による成長が見込める。そのようなキャッシュフロー創出力の高い会社がバランスシートに8000億円もの現預金を貯め込む必要はないので株主に還元すべきではないか。

　いずれもまっとうな提言で、その提案姿勢も丁寧で紳士的、経営陣として「敵対的」だと反発するのはむしろ難しい。これらの提案は、各社の財務諸表（特にバランスシートとセグメント情報）をしっかり読めば誰にでも思いつけるもの、あとは株価評価の物差しを当てて、現状の株価がそれらの要素を反映していない「割安」状態にあるか、の判断軸を持てるかの問題だ。

　「言われてみればそうだな」と市場も気づいたのか、サードポイントの提案が公表されるとすぐに株価は急上昇した。そこで売り抜けるだけで大儲けというのは、ずいぶん濡れ手に粟な感じがするが、非難される筋合いではない。

　先に述べたとおり、自社の株価水準について脇の甘かった経営陣とサードポイントに安値で売ってしまった旧株主、さらにはサードポイントが売り抜けた株価で買った投資家、ファンドの儲けに貢献した人たちだということになる。

　試しに全く同じフォーマットを使ってFA（ファクトリー・オートメーション、工場自動化）事業を主力事業として持っている会社群の企業価値指標比較表を作ってみると、図表4-2のとおりとなった。

図表4-2 FA業界4社の企業価値比較（2015年）

会社名		ファナック			キーエンス			オムロン			三菱電機		
企業価値		最高値	最安値	直近	最高値	最安値	直近	最高値	最安値	直近	最高値	最安値	直近
株価	（円）	23,490	16,150	26,570	62,410	36,095	65,500	5,630	4,615	5,420	1,550	1,083	1,514
発行済み株式数	（億株）	1.957			0.608			2.104			21.472		
時価総額（MV）	（億円）	45,962	31,600	51,989	37,946	21,946	39,825	11,844	9,708	11,402	33,282	23,254	32,509
有利子負債（D）		0			0			1			3,811		
現金同等物（C）		8,236			265			902			4,180		
ネット有利子負債（D−C）		△8,236			△265			△901			△369		
企業価値（EV）		37,726	23,364	43,753	37,681	21,681	39,560	10,943	8,808	10,501	32,913	22,885	32,140
総資産（A）		14,623			9,187			7,038			75,933		
株主資本（BV）		12,794			8,594			4,892			16,629		
損益データ	（億円）	2014/3	15/3予	16/3予	2014/3	15/3予	16/3予	2014/3	15/3予	16/3予	2014/3	15/3予	16/3予
売上高		4,510	6,882	6,200	2,650	3,200	3,400	7,730	8,500	9,000	40,544	43,000	45,000
営業利益（EBIT）		1,641	2,680	2,350	1,307	1,650	1,750	681	870	970	2,352	2,800	3,000
減価償却費		183	183	183	637	637	637	250	280	280	1,365	1,700	1,700
償却前営業利益（EBITDA）		1,824	2,863	2,533	1,944	2,287	2,387	931	1,150	1,250	3,717	4,500	4,700
税引後当期利益		1,109	1,851	1,660	859	1,100	1,200	462	645	700	1,534	1,932	2,100
財務指標													
売上高営業利益率		36.4%	38.9%	37.9%	49.3%	51.6%	51.5%	8.8%	10.2%	10.8%	5.8%	6.5%	6.7%
総資産回転率		0.31	0.47	0.42	0.29	0.35	0.37	1.10	1.21	1.28	0.53	0.57	0.59
レバレッジ（A/BV）		1.14			1.07			1.44			4.57		
純資産利益率（ROE）		8.7%	14.5%	13.0%	10.0%	12.8%	14.0%	9.4%	13.2%	14.3%	9.2%	11.6%	12.6%
諸倍率		最高値	最安値	直近	最高値	最安値	直近	最高値	最安値	直近	最高値	最安値	直近
PBR		3.6	2.5	4.1	4.4	2.6	4.6	2.4	2.0	2.3	2.0	1.4	2.0
PER	対 前期実績	41.4	28.5	46.9	44.2	25.5	46.4	25.6	21.0	24.7	21.7	15.2	21.2
	当期見通し	24.8	17.1	28.1	34.5	20.0	36.2	18.4	15.1	17.7	17.2	12.0	16.8
	翌期予想	27.7	19.0	31.3	31.6	18.3	33.2	16.9	13.9	16.3	15.8	11.1	15.5
EBITDA倍率	対 前期実績	20.7	12.8	24.0	19.4	11.2	20.3	11.8	9.5	11.3	8.9	6.2	8.6
	当期見通し	13.2	8.2	15.3	16.5	9.5	17.3	9.5	7.7	9.1	7.3	5.1	7.1
	翌期予想	14.9	9.2	17.3	15.8	9.1	16.6	8.8	7.0	8.4	7.0	4.9	6.8

注：直近株価は2015年4月15日時点、最高値・最安値は年初来のもの。減価償却費の予想値がない場合は
　　前年同額と仮置きして算定。
出所：東洋経済新報社「会社四季報オンライン」より著者作成。

まず目につくのは、この業界プレーヤーがいずれも高い利益率であり、かつ無借金でキャッシュリッチだということだ。キャッシュリッチであること自体が悪いかは議論が分かれるだろうが、ここでのポイントは、その結果、株価が割安になり、サヤ取りのチャンスを生んでいるかどうかだ。

　ファナックについて、まず本業の実力ベース指標であるEBITDA倍率は、最安値でも8倍程度あり、サードポイントが売り抜けたと想定される直近値では15倍とかなり高い。PBRも2〜4倍以上と十分高い。そして、PBRを分解した要因であるPERもROEもバランスがとれた状態だ。

　その一方、総資産が1.5兆円で株主資本が1.3兆円というバランスシートの形は確かに異様だ。内部留保はいざというときに備えた蓄積で、人間の体にたとえるならば皮下脂肪のようなものだとすると、ファナックやキーエンスのバランスシートの形は相当な肥満体型だということになる。

　驚くのは、その肥満体型とは思えぬ俊敏さで全く緩むことなく利益を生み出し続けている企業体質である。このようなバランスシートのおかげで総資産回転率も財務レバレッジもきわめて低い。にもかかわらず、利益率が非常に高いため、ROEが標準以上の高さを保っており、その結果PBRも高く、「のれん」価値が十分に認識されている。この業界いずれの会社も、かつてスティールがねらいをつけたような、「TOB→ホワイトナイト登場でサヤ取り」というパターンに陥るようには見受けられない。

　つまり、ファナック経営陣としては、何も文句言われる筋合いはないと言いたいところだろうし、私もそれには同意だ。それと同時にサードポイントの主張が、「こんなに卓越した技術力と経営力のある会社がキャッシュを抱いたままじっとしているのは、もったいない。銀行に預金してそれがあまり生産性のない貸出しや国債購入に回るぐらいなら、御社自身の判断で再投資にその資金を振り向けたほうが、もっと日本経済と社会の活性化に役立つカネの使い方なのではないか」ということで

あるなら、その提言にも喝采を送りたい。

第2章のコラムで述べた「カネとは堆肥のようなもので、1カ所に積み上がると臭くなるが、広くばらまけば、いろいろなものを成長させる」という格言は、内部留保を貯め込みがちな日本の優良企業に向けての貴重な警告だ。

サードポイントの利益を確定させるのに貢献したのは2万5000円以上というさらに高値でファナック株式をサードポイントから買った投資家の存在だが、彼らがどういう意図で高値買いに入ったのかは、正直なところ私には理解しづらい。

EBITDA倍率が15倍というのは相当高い水準であり、これはファナックが今の高利益水準を維持しながら、さらに保有キャッシュを同じような高収益事業に再投資して成長スピードを上げていくストーリーが前提になるだろう。

そのような投資先があるなら、ファナック経営陣もとうの昔に投資を行っていたはずではないだろうか。ブームや勢いに任せて株式を買い上げるのは、それぞれの投資家の自由だが、何かのきっかけで株式市場全体が下落し、保有株が含み損を抱えたからといって、経営陣にその責任を問うのはお門違いだろう。一個人の思いとしては、高値で買ったのが私の年金資産を運用してくれている機関投資家でないことを祈りたい。

3：米国の先進事例——アイカーンとモトローラ

株式投資がより活発で市場参加者にも厚みのある米国市場では、本書でこれまで述べてきた「価格算定の物差し」は、ある程度共有されているように見受けられる。ヤフーファイナンスのようなサイトで上場会社を検索すれば、各種倍率指標も一覧表で手に入るし、親切に競合会社と並べて比較する機能まで備わっている。

こういう市場では、濡れ手に粟のサヤ取り機会は日本に比べて少ないだろう。それでも、ヘッジファンド、アクティビスト・ファンドという

名称で呼ばれる米国の投資ファンドは数多く活動しており、その中には「単なるサヤ取り屋」とは違った洗練された投資家も多い。

その代表選手の1人がカール・アイカーンだ。彼は1980年代から数多くの買収合戦や株主総会での委任状争奪戦に登場しており、当時は「Greenmailer（恐喝者）」「Corporate Raider（企業乗っ取り屋）」という悪いイメージのレッテルを貼られていた。しかし、あれから30年を経てアイカーン氏はいまだに健在、「アクティビスト投資家」として、ヤフーの経営者を交代させたり、デル・コンピュータのMBO提案に対抗案を提示したりと、特にIT業界で派手な動きを見せている。今や彼のことを悪いイメージで取り上げる論調はすっかり消え、企業価値向上の提言者として経営層からも評価されるようになってきた。最近では、ブリヂストンが米国自動車用品販売チェーンのペップ・ボーイズを買収しようとした際に、対抗買収案を提示して横取りしたことで、日本でも話題になった。

そのアイカーンが企業価値向上の真骨頂を見せた事例がモトローラのケースで、概要は以下のとおりだ。

アイカーンは2007年にモトローラ株の取得を発表、2008年には6.3％まで買い増して取締役2名を送り込んだ。その後モトローラの保有する特許の価値を最大化すべく、当時赤字を垂れ流していた携帯電話事業の分離（スピンオフ）を提案し、経営陣を説得してモトローラ・モビリティという別会社を設立させた（2011年1月）。

そしてすかさず、この携帯電話事業会社をアンドロイドOSでアップルに対抗していたグーグル社に125億ドルで売却した。

グーグルのねらいは、モトローラが保有する1万7000の通信関連特許をアップル陣営に取られるのを阻止することにあり、携帯ハードの事業は赤字続きでむしろお荷物だったので、2年後に関連特許はグーグルが保持したまま、携帯電話事業を中国のレノボに29.1億ドルで売却した。

モトローラ・モビリティの株価が2011年8月12日の24.5ドル

から8月15日にグーグルの買収提示価格40ドルに上がったことから、アイカーンはその持分11%で3日の間に4億ドル儲けたと話題になった。

このアクティビストは、モトローラという米国の伝統ある優良企業に委任状争奪戦を仕掛けて取締役を送り込んで会社をバラして高く売り抜けて儲けただけではないか、と簡単に済ませるわけにはいかない。

アイカーンは2007年から足かけ5年かけてモトローラ経営陣を説得し、同社が保有している特許の価値にいち早く着目し、アップル陣営とアンドロイド陣営の特許訴訟合戦がヒートアップするベストなタイミングで、特許のみの買収を持ちかけたグーグルに携帯電話事業全体の買取りを飲ませ、継続的赤字事業から125億ドルという価値を引き出した。その手腕は特筆すべきだ。

モトローラCEOのグレッグ・ブラウンも、「取締役会に迎えたアクティビストたちは総じて、業績に良い影響を与えてくれた」と評している。グループ内に眠っている資産価値を顕在化させ、その経営資源の価値を最大化すべく特許はグーグルに、ハード事業はレノボ（同社はIBMやNECのパソコン事業も買収している）に、と「餅は餅屋」に最適配分した。この活動は、経済社会全体にとってもそれぞれの事業にとっても良いこと、株主投資家はその最適な組合せの実現に向けて建設的な役割を果たしうる存在なのだと、思い知らせた事例である。

日本においても、投資ファンドが経営陣と協業して企業価値を高める事例が徐々に増えている。たとえば育児用品のピジョンは2007年以降あすかアセットマネジメントの支援の下、中国をはじめとする海外展開を進め、2015年現在で時価総額を当時の7倍に増やしている。

Valuation 第5章

事業や業界を再編する
M&A活動

1 ： 大企業の「恐竜化」とコングロマリット・ディスカウント

　世の中でよく目にするM&Aのパターンとして、大企業が「選択と集中」を進める中でノンコア事業を切り出して売却するという形がある。これを次に検討してみよう。使う手法は全く同じだ。

　これは経済の成熟期に活発化する取引で、1980年代に米国で流行したので、まずは米国で何が起こってきたかをおさらいする。

　1960～70年代に経済成長の波に乗って多角化・コングロマリット化を進めてきた米国の巨大企業は、国内市場が成熟していく中で、その大きさがもたらす官僚体質の硬直性が問題になった。大企業の財務安定性は経営の慢心をもたらし、管理職が増えて意思決定が保守化し遅くなり、そして、より動きの速い新興勢力にシェアを奪われる脅威にさらされた。

　その様子は、哺乳類の出現によって絶滅に追いやられた恐竜の姿にたとえられた。低迷する株価に業を煮やした機関投資家は保有株式を市場で売却して成長力のある会社に投資先を乗り換えたいのだが、当時の米国では投資信託ブームなどを通じて機関投資家の株式保有比率がすでに高まっており、みんなが一斉に売却すると市場価格の値崩れを加速して

090

しまうので、身動きがとれなくなった。

　そこに登場したのが、当時「バイアウト・ファンド」「LBOファンド」と呼ばれた、プライベート・エクイティ・ファンド（以下、PEファンドと総称する）である。KKRやブラックストーンなど今も健在なファンドがその頃勃興し、コングロマリット大企業にTOBを仕掛けて丸ごと買収、その後に事業を個別に売却したり再上場したりして大儲けした。

　身動きがとれなくなっていた米国の機関投資家は、日本と異なり彼らのプレミアム付きの買収提案を歓迎したので、たとえその手法が「敵対的」であっても、TOBが成功する事例が多く生まれた。

　これらのファンドは「ジャンク債」という投資適格以下の高利率社債の形で買収資金を調達し、名門大企業を買収して解体し、大儲けして立ち去るのみ、後には閉鎖された工場の廃墟とリストラで失業した社員が残る、というイメージが強かった。そして、当時の米国でもウォール街の強欲な投資銀行やファンドが社会の犠牲の下に繁栄するのはいかがなものかという議論が盛んに行われた。

　1980年代に米国の大企業を苦しめた「恐竜化シンドローム」は、20年後に日本の大企業が直面した問題と全く同じ、そこにはあの時代を知るKKRやベインキャピタルのような米国PEファンドのみならず、その手法を体得した日系ファンド、さらには産業革新機構などの国策ファンドが登場する。彼らが大企業の組織再編に絡んだM&Aは、たとえば以下のような事例が挙げられる。

・KKRによるパナソニックのヘルスケア部門買収
・日本産業パートナーズによるソニーのVAIOパソコン事業買収、NECのビッグローブ事業買収
・産業革新機構によるルネサス・エレクトロニクス買収、ソニー・東芝・日立の液晶ディスプレイ事業を統合したジャパンディスプレイ設立

これらの事例でPEファンドは、先のサヤ取りファンドやアクティビスト・ファンドとは異なる立ち位置をとっている。つまり、事業を丸ごと買い取り、運転席に座り、経営責任を背負って5年程度の長期間をかけて事業をシェイプアップし、最終的には上場したり他の事業会社に売却したりして利益を手にするのだ。

　彼らが高いリターンをあげるために多用するレバレッジ手法の話は第8章に譲り、ここでは多角化した大企業が事業再編を迫られる原因となる企業価値の歪み、「価格算定の物差し」部分に焦点を当てる。

1.1 ◆ コングロマリット・ディスカウントとは

　多角化してさまざまな事業を傘下に抱えている会社の市場株価評価は低めになりがちで、この現象はコングロマリット・ディスカウントと呼ばれている。具体的事例の話に入る前にシンプル化したモデルで説明すると、その状態は図表5-1のように表現できる。

　多角化複合企業（コングロマリット）X社は、A～Dの4つの事業部門（カンパニー）から成り、そのグループ持ち株会社のみが上場している。事業AとCが長年のX社の「本業」で、引き続き全売上の3分の2以上を占めているが、収益力という意味でのEBITDAでは半分を事業B、Dで稼ぎ出している。

　このコングロマリットの企業価値は、4事業部門の事業価値の総和になるはずなので、それぞれの事業の「安定性と成長性 ($r - g$)」を反映して、それぞれのEBITDAの5倍、8倍、4倍、10倍だとしよう。

　倍率の想定は、実際には株式市場での同業他社のものを参考にして決めるのだが、ここでは私自身が持っている相場感覚で、市場が飽和しているうえに当社シェアも低く競争力を失いつつある事業Aは4倍、生き続けることはできそうだが大きな成長は見込めない事業Cは5倍、B事業は市場成長性ある分野で競争力あるポジショニング、事業Dは今後大きく伸びそうな事業で他社に先行していて利益率も高いのでそれぞれ8倍と10倍、という具合につけてみた。

図表5-1 コングロマリット・ディスカウントとは

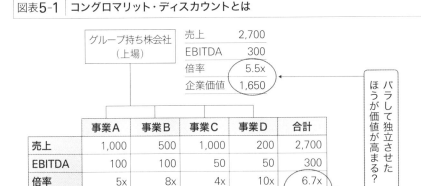

　4事業合計のEBITDAが300、事業価値の合計が2000なので逆算すると、X社のEBITDA倍率は6.7倍となるはずだ。ところが、上場しているX社のEBITDA倍率が5.5倍の評価、企業価値が1650となってしまっている。これが企業価値評価における「コングロマリット・ディスカウント」の定義だ。

　このような事態がなぜ起こるのだろうか。以下の理由が挙げられる。

1.2 ◆ なぜディスカウントが起こるのか

情報開示・IR不足

　上場会社は財務状況をセグメント情報として各事業ごとに開示しているとはいえ、その情報はかなり限定される。その中で上記事例において本業であり売上規模の大きな事業Aと事業Cに対する投資家の印象に全体が引きずられ、事業B・Dの価値が隠れ、埋もれてしまう。

　市場での株価形成に大きな影響力を持っているのは個人のデイトレーダーではなく、やはり資金規模の大きな機関投資家なのだが、通常彼らは（特に米国では）証券会社のアナリストレポートを参考に投資判断をする。しかし、株式アナリストは業種ごとに専門性を発揮するので、コ

ングロマリット企業はアナリスト泣かせな存在である。いくつもの異な
る事業を分析して積み上げる作業は手間がかかり、そのわりに見通しが
外れる可能性も高い。結果的にカバーするアナリストや発行されるレ
ポートの数が少なくなり、機関投資家の目に触れにくくなり、株価形成
が歪んだまま放置されがちになる。

本部という「エージェンシーコスト」

コングロマリット企業のセグメントごと利益の項目を見ると、各部門
の利益の次に「本社経費」欄があり、本社はコストセンターなのでマイ
ナス数字になる。上記の例で本社コストが54億円だとするとグループ
全体のEBITDAが246億円、事業加重平均EBITDA倍率6.7倍で企業価
値1650億円とピッタリ一致する。

問題は、この本社コストが必要十分なのかであり、これは**エージェン
シーコスト**の問題だ。「代理人費用」と訳されるこのコストは、「トラ
ンザクションコスト（取引費用）」「オポチュニティコスト（機会費用）」
「サンクコスト（埋没費用）」と並ぶ経済学・ファイナンス理論上のとて
も重要なコスト概念である。

このコストとは、単に本部に人がたくさんいて経費がかかるというだ
けの意味ではない。株主から資金を預かって企業価値を高める役割を担
う経営者は、株主というオーナーから経営を委託された代理人、よっ
て、株主の利益のために行動すべき存在だ。ところが、その経営者が名
誉や保身といった自分自身の利益を優先して、必ずしも株主利益にとっ
てベストといえない判断や行動をとり、結果的に株主価値を減らしてし
まう、そういうコストの問題である。

大企業が終身雇用・年功序列型組織ゆえにポストをいたずらに増やし
たり、そのポストを作るために新規事業を立ち上げる。その結果、意思
決定が不必要に重層構造になり、スピードが落ちたり、過度に保守的に
なったり、挙げ句の果てには、その事業について何の専門性も経験もな
い者が間違った意思決定を下して会社に損害を与えたりする。そのよう
なコストとして理解いただきたい。

株主投資家の立場からすると、どの事業に分散投資してポートフォリオを組むかは投資家が自由に決めればいいことなのに、それを本社が代わりにやってさまざまな事業のパッケージ商品の会社株しか投資家に買えなくするのは、無駄に屋上屋を重ねているだけで余計なお世話、大きな帝国の支配者になりたい経営者のエゴに付き合わされるのはまっぴらごめん、という主張につながる。

　つまり多角化企業は、1つの持ち株会社の傘下に事業会社をぶら下げることの合理性の説明責任が面倒な組織形態なのである。きちんとセグメント情報を開示するのみならず、グループ一体であることがもたらすプラス効果、たとえばブランド力向上や間接部門経費の一元化による効率化、事業部門相互のシナジー、をより詳細に投資家に伝えるIR活動を行わなければならない。

　その「グループ戦略」を明らかにする過程で、「事業の選択と集中」「差別化・競合優位の確立」という課題に直面し、経営資源投資をコア事業に集中し、ノンコア事業を切り出す「事業再編」が実施される。

　上記X社の例のように、企業価値の総和が個別事業価値の積み上げ合計より小さくなるコングロマリット・ディスカウント状態は、「たくさんの役員を抱えた本社機能をなんとかしたほうが効率が良くなるのでは？」という市場からのメッセージなので、本社経営陣はお尻に火がついた状態となる。

　その一方で、本社から「ノンコア」と判断されたからといって、その事業部門が必ずしもダメな事業の烙印を押されたわけではない。単にそのコングロマリットの中にいる理由がよくわからないというだけの話だ。とするなら、そのグループに留まって予算の締め付けを受けながら孤児扱いされるよりも、グループから独立して、しがらみから解放され、経営の自由度が高まるほうが業績が良くなる可能性も大いにある。

　もちろん、大企業の安定した財務基盤の下から離れて自立した経営体制を構築して新たな成長戦略を立て、そのための資金調達をするのがリスクの高い挑戦になるのは確かだ。そこに橋渡し役としてのPEファンドの真骨頂がある。

一流といわれるPEファンドは、事業立て直しの実績があり、さまざまな業種の現場実務経験者を擁している。彼らがコングロマリット企業の中に埋もれている潜在価値ある事業を見つけ出し、リスクを取ってその事業に投資し、価値を顕在化させる作業を行えるなら、それは「虚業のファンドによるサヤ取り」とは異なる次元の価値創造だ。

　それは選択と集中を進めて恐竜化を避けるコングロマリット企業にとっても、孤児扱いを受けるノンコア事業にとってもウィン・ウィンな取引になりうる。

2 ： 事業再編で企業価値は上がるのか
——総合電機メーカーの企業価値と業界再編の歴史

　日本の代表的な多角化コングロマリット型企業といえば、総合電機業界の日立製作所、東芝、パナソニック、ソニーあたりを思い浮かべる人が多いだろう。日本を代表するグローバル企業であるこれらの企業は2000年以降大きな変革の波にさらされてきた。

　図表5-2は2000年1月を100とした、日立製作所、東芝、パナソニック、ソニーの相対株価の変化グラフである。ここからは、

- ・2000年代初頭の松下電器産業（当時）中村社長による「中村改革」
- ・2005〜08年の東芝・西田社長の下でのウエスチングハウス買収やノンコア事業売却による「選択と集中」（とその後の株価維持のための「チャレンジ」圧力の2015年反動）
- ・2010年以降の日立の川村・中西体制下での事業変革
- ・2012〜14年のパナソニック、ソニーのテレビ事業不振などによる株価低迷、その中でのパナソニックのKKRへのヘルスケア事業売却やソニーの日本産業パートナーズへのVAIOパソコン事業の売却、そしてソニーに対する米国アクティビスト・ファンドによるエンタテインメント事業分離提案

図表5-2 総合電機メーカーの株価推移（2000～15年）

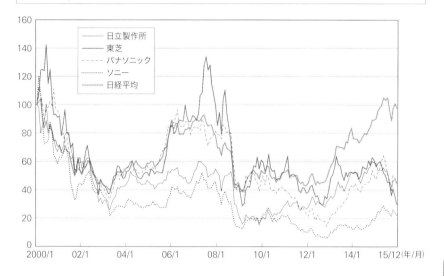

といった各社の不振と経営者交代に伴う事業変革のイニシアティブへの期待が、相対株価の推移から、それなりに読み取れる。

4社の企業価値算定指標の推移は図表5-3のとおり、PBRやEBITDA倍率で見ると、小泉構造改革で株式市場に活気があった2005～06年から、韓国サムスン電子の躍進の裏側で日本の総合電機メーカーのグローバル競争力に陰りがささやかれた2010年頃にかけて倍率が低下、そこから回復していった日立・東芝と、低迷からなかなか抜け出せないパナソニック・ソニーに分かれていったことがわかる。

そして、倍率が低迷している時期は、これらコングロマリット企業が事業分野の選択と集中を真剣に検討し、さまざまなコア事業を完全子会社化したり、逆にノンコア事業をファンドなどに売却する決断を下した時期とおおむね一致する。

東芝の場合は2014年度までの決算数字に不適切会計があり、市場は順調な業績を信じていた分が、2015年度になって反動下落し、2015年秋のPBRは0.9倍となっている。

本書の執筆時点で、東芝は1万人にのぼる人員削減、工場・研究所の

第Ⅱ部 基本構造から読み解くM&Aの世界と資本主義社会の課題

図表5-3 | 総合電機メーカーの企業価値・倍率推移（2000～15年度）

PBR推移（単位：倍）

年度	2000	2001	2002	2003	2004	2005	2006	2007	2008	2009	2010	2011	2012	2013	2014	2015*
日立製作所	1.25	1.34	0.75	1.25	0.97	1.12	1.26	0.92	0.85	1.23	1.36	1.39	1.26	1.39	1.35	1.12
東芝	2.25	2.57	1.76	2.01	1.77	2.20	2.29	2.11	1.84	2.90	2.17	2.15	2.43	1.80	1.97	0.91
パナソニック	1.25	1.04	0.78	1.14	1.09	1.69	1.49	1.42	0.94	1.26	1.01	0.97	1.27	1.86	2.12	1.55
ソニー	3.53	2.60	1.70	1.70	1.48	1.70	1.78	1.15	0.68	1.21	1.05	0.84	0.76	0.91	1.61	1.41

EBITDA倍率推移（単位：倍）

年度	2000	2001	2002	2003	2004	2005	2006	2007	2008	2009	2010	2011	2012	2013	2014	2015*
日立製作所	7.0	12.0	5.6	7.0	5.8	6.5	7.6	4.8	5.1	5.6	4.8	5.6	6.4	7.0	8.5	6.9
東芝	6.6	16.2	6.7	6.0	6.1	6.1	6.7	5.7	26.1	9.0	5.8	8.2	12.6	8.1	10.4	9.5
パナソニック	8.9	25.5	4.5	7.1	6.2	8.0	6.8	5.8	6.0	9.3	5.3	7.5	4.6	4.7	5.6	4.1
ソニー	15.2	13.4	7.3	9.0	8.1	9.3	12.4	4.8	12.6	8.3	4.5	7.0	3.2	5.0	8.0	4.7

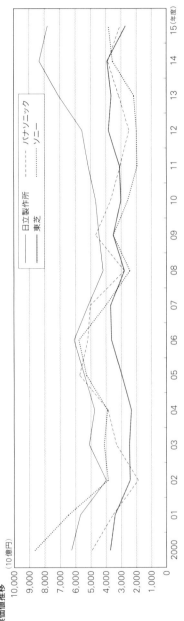

企業価値推移

注：2015年度は第2四半期までの12カ月間、EBITDA倍率計算には2015年度のアナリストコンセンサス予想値を使用。
出所：SPEEDAデータベースより著者作成。

閉鎖、メディカル事業と白物家電事業の売却と事業再編の真っ只中にあり、事業分野の選択と集中を進めている状況だ。

この倍率推移一覧表は、PBRやEBITDA倍率を「のれん創出力」「将来成長期待」として「経営力の質」を測る指標として使う際の留意事項も示している。それは、業績不振の時期にはEBITDA倍率が分母の一時的急落によりむしろ高くなる、そしてPBRが低迷した後翌年にはV字的に高くなることが往々にしてある、という点だ。

4社の2008→09年度、パナソニックの2011→14年度、ソニーの2012→14年度のPBRの劇的改善は、その時期に巨額の減損処理や構造改革支出を行い、損失が株主資本を食いつぶした結果、分母が小さくなったためで、のれん創出力がアップしたと解釈すべきではない。と同時に、この処理は既存の株主に過去の負の遺産処理コストを負担してもらい、資本簿価を切り下げることによって、のれん価値に着目した新たな投資家を呼び込みやすい状況を作る措置だともいえる。

2015→16年度の東芝もおそらく同じパターンをたどるだろう。

これらの総合電機メーカーが競合ベンチマークする米国優良会社に、ゼネラル・エレクトリック（GE）がある。投資ファンドや機関投資家からのプレッシャーを受け、選択と集中を進める米国企業の中で珍しくコングロマリット型を維持し続けている同社から学べることは多い。

GEは会社名こそ不変だが、その中身はこの20年間に様変わりしている。ジャック・ウェルチからジェフリー・イメルトに引き継がれた不断の事業再編により、一時は花形であったメディア事業や金融事業は売却され、消費者向け市場におけるGEブランドの顔であった家電事業も中国のハイアールに売却、会社は「インフラストラクチャー企業」に変貌を遂げている。それらの決断は変化する外部環境に対応した経営資源配分の見直しであり、グループ業績低迷で追い込まれての「リストラ」と同一に語るべきではない。

3 それでも規模は力なり
——敵対的買収は悪なのか

　多角化した大企業が事業再編を迫られるM&Aと同時に、本業におけるグローバル競争力を高めるため、あるいは、供給過剰で値引き合戦に陥って共倒れになるのを防ぐため、同業同士が合併や事業統合する事例も多くある。

　2000年前後の銀行業界は統合によりメガ3銀行体制に集約され、鉄鋼業界ではNKK（日本鋼管）と川﨑製鉄が合併したJFEスチールに続き新日鉄と住友金属が合併した。百貨店や家電量販店、スーパー／コンビニからドラッグストアチェーン／ガソリンスタンドに至るまで、小売業界では日常茶飯に同業同士の統合が起こっている。

　これらは規模の経済性をめざした「水平統合」といわれるM&Aのパターンで、ライバル同士がくっつく話だけに独占禁止法の問題が起きたり、社内の意思統一がとれなくなったりしがちでもある。統合方針が表に出た後で破談するケースとしては、キリン—サントリー、H2Oリテイリング—髙島屋、新生銀行—あおぞら銀行、川崎重工—三井造船などの例が挙げられる。

　また、このパターンのM&Aは往々にして強者が弱者を力ずくでねじ伏せる構図も生まれやすく、王子製紙と北越製紙、イオンとパルコのように買収対象側の社内反発を呼び、結局、買収提案が拒絶されて業界他社との統合の形で落ち着くケースもある。

　水平統合M&Aがどのようにして企業価値の増加をもたらすのかについては第8章で詳しく分析するとして、ここでは日本の社会風土では「敵対的」M&Aが難しいことを世に知らしめた、2006年の王子製紙による北越製紙への敵対的買収事例をもとに、再度『会社四季報』程度の情報で何が見えてくるかを確認する。

王子製紙による北越製紙への「敵対的」買収提案とその後の両社

　2006年7月、それまで協議を続けていた王子製紙が北越製紙の100％買収による経営統合を提示した。北越製紙経営陣はそれに反発、買収防衛策を導入し三菱商事との資本・業務提携、同社への発行済み株式の24.4％にあたる第三者割当増資を発表した。第三者割当増資が行われると安定株主が増えて支配権獲得が難しくなり、また、買収に必要な金額が増えてしまう。

　これを防ぐべく王子製紙は、北越製紙経営陣の賛同を得ないまま、1株当たり800円でのTOBを発表した。さらにこのTOBには、三菱商事向けの第三者割当増資を撤回するなら、募集価格は860円に引き上げるという条項がついていた。

　王子製紙が北越製紙と経営統合して業界ナンバーワンの座を固めるのを危惧した業界第2位の日本製紙グループや第3位の大王製紙も防衛に参戦して市場で株を買い増し、結局TOBで過半数株式を集めることが難しいと判断した王子製紙は、経営統合を断念した。

　まずは製紙業界各社の財務データと企業価値評価指標を見てみよう。同じように当時の『会社四季報』から取得して並べてみたものが図表5-4である。

　北越製紙の株価最安値の580円が、王子製紙が「安いので買ってしまいたい」と思った値段だと想定できる。TOBは通常20〜30％のプレミアムをつけるものと言われており、800円という提示価格は十分高いプレミアム価格だ。

　この図表の「発行済み株式数」には、いまだ三菱商事への第三者割当増資分が含まれていないので、860円で計算した時価総額1411億円が王子製紙の買収提示額、株主にとっては魅力的な提示である。そして、発表直後の市場価格831円はTOB価格800円と860円のその中間となっていて、この買収は成立するだろうという市場の見方が株価に表れている。

図表5-4 製紙業界4社の企業価値比較（2006年）

会社名		北越製紙		王子製紙		日本製紙グループ		大王製紙	
企業価値		最安値	直近	最安値	直近	最安値	直近	最安値	直近
株価	（円）	580	831	627	682	430	427	950	1,073
発行済み株式数	（億株）	1.641		10.028		11.050		1.284	
時価総額（MV）	（億円）	952	1,363	6,288	6,839	4,752	4,718	1,219	1,377
有利子負債（D）		706		7,752		6,920		4,058	
現金同等物（C）		73		396		139		759	
ネット有利子負債（D−C）		633		7,356		6,781		3,299	
企業価値（EV）		1,585	1,996	13,644	14,195	11,533	11,499	4,518	4,676
総資産（A）		2,325		17,485		14,924		6,462	
株主資本（BV）		1,128		5,279		4,403		1,138	
損益データ	（億円）	2006/3	07/3予	2006/3	07/3予	2006/3	07/3予	2006/3	07/3予
売上高		1,537	1,580	12,139	12,800	11,522	12,000	4,023	4,050
営業利益（EBIT）		69	100	739	750	484	500	301	310
減価償却費		136	136	785	827	701	676	228	224
償却前営業利益（EBITDA）		205	236	1,524	1,577	1,185	1,176	529	534
税引後当期利益		32	52	210	315	172	210	93	95
財務指標									
売上高営業利益率		4.5%	6.3%	6.1%	5.9%	4.2%	4.2%	7.5%	7.7%
総資産回転率		0.66	0.68	0.69	0.73	0.77	0.80	0.62	0.63
レバレッジ（A/BV）		2.06		3.31		3.39		5.68	
純資産利益率（ROE）		2.9%	4.6%	4.0%	6.0%	3.9%	4.8%	8.2%	8.3%
諸倍率		最安値	直近	最安値	直近	最安値	直近	最安値	直近
PBR		0.8	1.2	1.2	1.3	1.1	1.1	1.1	1.2
PER									
	対 前期実績	29.4	42.1	29.9	32.6	27.6	27.4	13.1	14.8
	当期見通し	18.3	26.2	20.0	21.7	22.6	22.5	12.8	14.5
EBITDA倍率									
	対 前期実績	7.7	9.7	9.0	9.3	9.7	9.7	8.5	8.8
	当期見通し	6.7	8.5	8.7	9.0	9.8	9.8	8.5	8.8

注：発行済み株式数は自己株差し引き後。日本製紙グループの株価の単位は千円、発行済株式総数の単位は10万株。直近株価は2006年8月8日時点、最安値は年初来のもの。
出所：東洋経済新報社『会社四季報』2006年夏版より著者作成。

ちなみに、三菱商事への割当増資価格は607円、三菱商事は増資で引き受けた株式で800円のTOBに応じると、それだけで100億円ほど儲かる計算になるが、さすがに天下の三菱商事がサヤ取りファンド同様に儲かれば何でもアリの行動をとるわけにはいかない。

　この図表からいくつか読み取れることがある。

　第1に、業界トップの王子製紙から業界6位の北越製紙まで、みなPBRが0.8～1.3程度と低い。つまり、どの会社ものれんを形成する「超過収益力」を獲得できず、過当競争で体力疲弊している業界の姿が浮かび上がってくる。国内同士で足の引っ張り合いをしていないで業界再編して体力をつけ、グローバル競争に勝ち抜かねば、という王子製紙の買収意図が見えてくる。

　第2に、事業会社のバリュエーションにおいて重要視されるEBITDA倍率は、最安値の株価同士で比較すると、業界シェア順にそこそこきれいに並んでいる。業界トップの王子製紙と2位の日本製紙グループは9倍以上、3位の大王製紙が8.5倍、6位の北越製紙は6～7倍、という具合だ。

　「倍率はr－gの裏返し」、業界シェア順に安定性や成長性の期待が高いはずだという常識的感覚に合っている。EBITDA倍率が7倍程度というのは1つの標準的ラインであり、決して北越製紙が割安だったとはいえない。

　第3に、831円というTOB価格のちょうど中間値は、PBR換算で1.2倍、EBITDA倍率が8.5倍（ともに対当期見通し）であり、王子製紙自身の倍率数値の範囲内に収まっている。

　先の事例の日清食品と同様に、自社の株主に対して「かなりプレミアムを付けているが、高すぎる値段で買うわけではない」という説明責任は果たせる。

　ここからわかるのは、株価水準が倍率指標の観点から割安といえない場合でも、プレミアムを乗せた価格での買収が十分に起こりうるということだ。

　倍率は煎じ詰めれば、「現経営陣の経営の質」を投資家が数値化して

評価する試みだと説明してきた。王子製紙の規模や経営力をもって北越製紙との統合会社が経営されることは、両社株主にとって良いことではないか、という王子製紙の主張にファンドの転売目的提案とは異なる説得力を感じるのは私だけではないだろう。

しかしながら、現実には王子製紙のTOB募集に応じた株主は少なく、TOBは失敗した。TOBが撤回されると、800円もしくは860円で持ち株を売却する機会を一方的に奪われる株主が生まれる。

この株主の中には、せっかくの高値売却のチャンスを北越製紙経営陣の防衛策と三菱商事の増資引受けや日本製紙などの防戦買いにより阻止されて、苦々しく感じている者もいるだろう。

実際に王子製紙のTOB失敗、統合提案取下げにより北越製紙の株価は元に戻ってしまい、その後リーマンショックなどの影響もあり、一時は300円台まで下落した。

北越製紙の経営陣やホワイトナイトとして607円で増資引受けした三菱商事は、「われわれの経営の下でもっと高い株価が実現できるので、今800円で王子製紙に売り渡すのは得策ではありませんよ」と言って既存株主がTOBに応じるのを止めたのだから、不満のたまった株主からの突き上げに針のむしろ状態となってしまう。

ブルドックソースのケースでも北越製紙のケースでも、当時の株主の多数は「短期的にもっと儲かる話があったとしても、それには乗らない」という意思表示をした。それは日本における投資家姿勢の1つのあり方で、米国的な投資家に批判される筋合いのものではないかもしれない。

と同時に、それぞれの株主投資家の利益や売却の自由を経営陣の一存や多数決で、そこまでないがしろにしてよいのか、というわだかまりを日本社会に残したのも事実だろう。

買収防衛策の導入にあたって、「それが現経営陣の保身目的であれば認められない」という原則は裁判を通じて明らかになった。「友好的買収＝善、敵対的買収＝悪」という日本社会の常識は、現経営陣目線のも

ので、必ずしも株主視点と一致するわけではない。

　日本の機関投資家は、会社との取引関係に悪影響を及ぼすのを気にするせいか、あるいは機関投資家に資金運用を託している一般投資家（年金を拠出している会社など）の意向を反映してか、現経営陣を守る側に立つことが多い。その株主行動によって経営は安定するかもしれないが、中長期的な企業価値向上につながる経営が、それによって実現するかどうかは別問題だ。

　買収計画が頓挫した王子製紙は、その後独自での業務提携や中国などへの海外進出を行った。北越製紙は紀州製紙と経営統合し、さらには創業家メンバーのカジノでの散財をきっかけに内部混乱した大王製紙の大株主になり、第三極を形成する戦略を進めている。

　しかしながら、北越紀州製紙が三菱製紙と販売統合する計画が破談になり、大王製紙との仲もぎくしゃくして、シェア3、4、5位の統合はそれぞれの経営陣が「一国一城の主」でいたいという気持ちをなかなか乗り越えられない模様だ。

　2006年1月〜15年11月まで約10年間の両社の株価推移を東証全体のTOPIXと対比した相対グラフは**図表5-5**のとおり、アベノミクス効果によりTOPIXは2008年のリーマンショック前の高水準までようやく戻ったが、王子HDの株価は買収合戦当時の株価水準には及ばないまま、北越紀州製紙の株価は2015年に入って業績の上方修正を好感して好調に推移しているが、それでも経営陣が拒絶した王子製紙のTOB提案価格の800円以上を再度達成するまで、丸9年間も北越製紙の株主は待たされたことになる。

　第4章と本章では、さまざまな状況における実際の事例を通じて経営者と投資家が共有すべき「企業価値算定の物差し」の使い方を説明してきた。たかが株価、『会社四季報』程度の情報で、と侮ってはいけない。「企業価値算定の物差し」はこの程度の情報で手に入るし、それを使って投資ファンドやM&A絡みで世間を騒がせるニュースを読み解くことも、それなりにできるのだ。

図表5-5 王子製紙と紀州北越製紙の株価推移(2006〜15年)

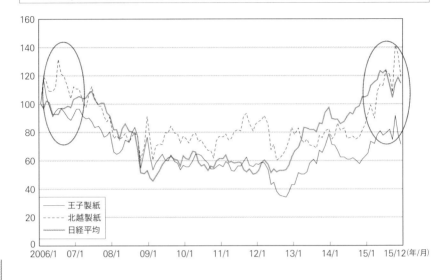

第**6**章 Valuation

日本市場に押し寄せる
資本の論理とその課題・限界

第Ⅰ部で解き明かしたシンプルなバリュエーションの基本構造を頭に入れれば、株式市場やM&Aの世界で起こっている出来事の背景や原因が意外に簡単に見えてくることを、実際の事例をもとに説明してきた。

それでも、このまま米国流金融資本主義の発想がどんどん日本市場を侵食し日本的な良き伝統が壊されていくのではないか、と不安や恐怖や怒りを感じる読者も多くいるに違いない。日本のみならず欧米でも中東・アジアでも「資本主義は人々を幸せにするか」という疑問は増している。

欧米的といわれる考え方や手法を評価するにあたり、時代の流れ、苛立ちの矛先をどこに向けるべきか、そして、ファイナンス理論を理解しつつその限界を知る、の3点をわきまえておく必要があると私は感じている。

第Ⅲ部で、さらにテクニカルなバリュエーションの実務課題の検討に入っていくが、そのためのつなぎとして、本章では資本主義とファイナンス理論に関する「そもそも論」について、やや散文的に持論を述べておきたい。

1 ： 資本市場の役割は変遷する

　銀行に支えられての経済発展のステージから成熟した経済グローバル化の下での生き残りステージに入ることと、企業価値算定やM&Aの重要性が増すこと、さらにはIT革命のような形で新たなイノベーションが生み出されること、はある種必然的な流れとしてつながっている。

　資本主義経済は平たく言うと、「資本すなわちキャピタル（Capital）とかエクイティ（Equity、株式）と呼ばれるものが社会経済の発展に大きなパワーを発揮する経済体制」である。しかし、資本主義という一語で語られる世界にもさまざまなパターンがあり、社会経済の発展段階により資本市場が果たす役割も変化する。それは大きく以下の3つの局面に分けて考えると理解しやすい。

1.1 ◆ 第1ステージ──経済成長期

　19世紀の英国、1970年ぐらいまでの米国に代表される資本主義、これがわれわれが一般に抱く、そして学校などで教わる資本主義経済のイメージだろう。

　産業革命という技術革新により大規模な工場設備を建てて大量生産することがビジネスにおける勝敗のカギになり、鉄道、鉄鋼、石油、化学品、自動車などの分野でリスクを取って他者に先駆けて大規模設備投資を行った者が巨額の富を手に入れた。ロスチャイルド、モルガン、ロックフェラーに代表される一族が大富豪となり、その富を社会に再配分するうえで大きな役割を果たし、政治にも多大な影響力を及ぼすようになった。

　この構図はわかりやすい。確かに資本という「カネ」をうまく調達できた者が、そして一発目の成功で手にした利益をさらにリスク覚悟で再投資した者が、倍々ゲームで富を増大させていく世界で、トマ・ピケティが『21世紀の資本』で書いているとおり、格差は広がっていく。

そして富める者は必然的に金融という、「カネを投資してカネを生む」メカニズムを発達させて、いわゆる「金融資本」の帝国を築いていくことになる。

日本における戦前の財閥形成や戦後の高度経済成長も、「規模＝資金調達力が勝負のカギ」という大量生産型の成功モデルであり、それを支える前提は経済の右肩上がりの成長だった。2000年以降の中国を筆頭とする新興国の躍進も同じく、消費者市場の拡大を前提に大規模投資を行うという形に変わりはない。

このタイプの資本主義では、地理的フロンティアの開拓・拡張や成功の型を新しい市場に素早く効率的に移植する力がモノを言う。後発組の観点からは、

- ・先行者に効率よくキャッチアップする能力
- ・拡大のための資金調達力

が問われる。日本企業が1960年代から80年代にかけて猛烈に欧米企業に追いついていった、そして1990年代後半以降、韓国や中国企業に猛烈に追い上げられてきた領域である。

1.2 ◆ 第2ステージ──経済成熟期

右肩上がりの成長はいずれ終わり、経済は成熟期に入る。大量生産でモノは巷にあふれ、儲かりそうだと遅れて参入してきた勢力と限られたパイの奪い合いになる。豊かさを手に入れた消費者市場のニーズは多様化していき、みんなが同じものを欲しがる「マスマーケット」への販売戦略一辺倒では、事業の成功がおぼつかなくなる時代に入る。

この時代の資本主義は、成長時代と同じようには語れない。大規模資金調達力という資本パワー発揮の場が、新たな生産設備への投資よりむしろ他社の買収に及んでいくのだ。パイが大きくなる環境で共存共栄していた企業群は、ダーウインの進化論風にいうところの「適者生存」

「自然淘汰」の世界へと飲み込まれていく。そこで生き残る者は「大きい者、強い者」ではなく、「環境変化に適応した者」という戦いである。

投資価値算定、企業価値算定という作業は、この段階で最も力を発揮する。

同じ業種で事業をやっていても、会社によって成長力や収益力が格段に違ってくる。その差が必ずしも規模（売上シェア）や資金調達力の差に比例しなくなる。それぞれの企業の「経営力の差」が企業価値・株価の差になって現れ、それがM&Aにおける交渉力の差につながっていく時代に移行するのだ。

「ゆりかごから墓場まで」という手厚い社会保障制度が行き詰まって「英国病」に陥っていた英国では、サッチャー政権が甘えを排除し競争原理を導入し国営企業の民営化を進めた。

その流れの中から、「MBO（マネジメント・バイアウト）」という、大企業の傘下から子会社や事業部門がその経営陣主導で独立するM&A手法が発展してきた。米国でも多角化により組織が肥大化し、「コングロマリット・ディスカウント」状態の大企業を投資ファンドが買収してバラバラに解体して利益を上げる「LBO（レバレッジド・バイアウト）」という手法のM&Aが頻繁に起こった。

日本における1990年以降の「失われた20年」は、ここでいう資本主義の第1ステージから第2ステージへの移行期における問題だと捉えることができるだろう。

1.3 ◆ 第3ステージ──21世紀型

インターネットに代表される情報通信分野での革新は、資本市場のあり方をさらに劇的に変化させている。これを取りあえず「21世紀型」と呼ぶことにする。

この時代の特徴として「設備投資がさほど要らない」と「サヤ取り機会が増大しがち」の2つが挙げられる。

設備投資を伴わないイノベーション

　IT技術やインターネットを使った新事業は、従来の装置産業的業界と異なり、大規模工場設備への巨額投資が必要ない。付加価値の多くはバーチャルな空間で創られ、流通する。サービスを支える通信網やサーバーへのインフラ投資は必要だが、事業成功のための投資のほとんどは、天才的なアイディアマンやエンジニアといった、生身の人間に対して行われる。

　この世界では、有形固定資産取得のための資金調達や資産の減価償却といった従来の財務・会計的問題とは異なる課題が浮かび上がってくる。つまり、**人の持つアイディアやクリエイティビティをどう評価するかに重点がシフトする。**

　資本市場も、その構造変化に対応して変化する。ヒトへの投資資金を集めるために市場から資金調達する方法もあるが、むしろ**ストックオプションを与えて、「会社が大化けしたら株式上場で大金持ちになれるから、今は安い給料で取りあえず頑張れ」と言うほうが資金リスク管理上も、ヒトへのインセンティブ的にも、理にかなったやり方になる。**

　それに伴い、株式市場の役割も変化してくる。20世紀型資本主義においては、大規模設備投資のリスクマネーを調達する場として資本市場が重要な役割を果たしていたが、21世紀型において株式市場はリスクを取って新しい価値（往々にしてそれらの価値は手にとって確認できる「ハード」なものではなく、つながりや感動や心地良さといった「ソフト」なものになる）を生み出したヒトが、その価値を現金化（マネタイズ）する場所、という側面が強くなる。

　一握りのアイディア豊富な起業家が株式上場（IPO）によって大富豪になり、そこに創業期から参加していた社員がストックオプションで億円単位の利益を手にする。資本市場が起業の入口における資金調達の場から、成功者の出口（エグジット）の場に変質していく。

　このような21世紀型の事業では当初の起業のためのリスク資金はそれほど巨額にならないので、「ベンチャーキャピタル」という比較的少額な投資を幅広く行う投資家が担い、彼らも創業起業家同様に上場株式

市場で出資株式を一般投資家に売却して投資資金を回収する。資本市場はイノベーションの成果を「換金、マネタイズ」する場所となるのだ。

この風潮を「額に汗して働くこともなく、大金持ちになる若者が増える」と嘆き悲しむことはない。彼らがイノベーションを起こして、社会に対して価値を創造したことは、市場が認めている。だからこそ、大金持ちになるのだ。それがいけないと思うなら、彼らが相応の価値を創造していないというなら、上場時に高い値段で株式を買う投資家の側を責めるべきだろう。

21世紀型のイノベーションを起こす若者が金持ちになり、その富をさらなる投資に振り向けて社会還元し雇用を創出する形での資金循環は、政府や大企業の官僚的な人たちが税や既得権益的な仕組みを通じて富を社会に再配分するやり方よりむしろ効率が高いかもしれないし、次世代の活力を促進する再配分が期待できるかもしれない。

そう考えれば、株式上場長者が生まれることはそれほど悪いことではないと私は思っている。米国ではマイクロソフトのビル・ゲイツ夫妻や最近ではフェイスブックのマーク・ザッカーバーグ夫妻が自身の財団を通して社会問題の解決のために多額の寄付を行っていることで有名だ。

「あれは慈善行為ではなく、したたかな節税対策にすぎない」という冷ややかなコメントも耳にするがそのとおり、まさに節税こそが、この行為の本質を物語っている。寄付した分だけ税金を払わなくてよいという制度設計を通じて、富を自分自身の判断で社会に再配分しても、税金を通じて行政が再配分しても、どちらでも構わないという基本スタンスを米国政府が取っているのに対し、税金を課した上での残りから寄付をすべきだという主張は、政治家・行政官僚のほうがより正しく富の再配分ができると考えるスタンス。どちらがよいかは、それぞれの国の自由主義 vs. 社会主義のバランス問題として国民が投票を通じて決めるべきことだろう。

市場のグローバル化とサヤ取り機会の増大

情報通信技術の進化は、上で述べたものとは似て非なる厄介な課題を

資本市場に持ち込む。それは、「投資」による価値創造ではなく、「投機」による金儲けの機会を促進するという問題だ。ネットで世界中がつながり、情報が瞬時に全世界の市場を駆け巡る「市場のグローバル化・IT化」が進むことにより、市場はより効率的になる。

それは理論的には正しいが、現実には富の偏在や格差を助長してしまう効果も大きい。ちょっとした情報格差や反応スピード、さらには異なる市場間での価格形成の歪み、がとてつもなく大きな収益機会につながる。つまり、情報に聡く市場の歪みを見つけ出す能力の高い者がネットにつながったモニター画面のみで大儲けできる（もちろん、大損する場合もある）場を生み出してしまう。

金融のプロの世界では、それは金融工学と呼ばれ「リスクアービトラージ（裁定）」「デリバティブ取引」という形で巨額の収益機会をもたらし、一般投資家の世界では「デイトレード」「FX取引」などの流行を作り出す。

「産業におけるイノベーションの芽を長い目で育む」という投資活動のあるべき姿とは対極の、「短期的でドライ」な投機活動に人々の関心とエネルギーが注がれるようになる。これが豊かな社会作りのための建設的な活動なのだろうか、という疑問を私自身を含めて多くの人が抱いている。

もちろん、そういう市場ができることより、世の中の価格形成がより透明性を増して公正になっていくという貢献はあるだろう。ひと昔前には一部の特権階級が独占していた情報格差による収益機会が、より開かれて低コストで誰でも参加できるようになっただけ、とも言えるかもしれない。

しかしながら現実は、この便利な情報技術とグローバル市場は富めるものをますます豊かにし、金持ちがより金持ちになることを手伝う「金融のプロ」を肥やすことを促進したようだ。それが彼らの節税テクニック駆使と相まって、自由市場主義の本家本元である米国においてすら、「ウォール街を占拠せよ」という不満爆発につながっている。

本書は、ベンチャー投資における企業価値評価や金融工学的な最先端投資理論の世界ではなく、第2ステージの経済成熟期における企業価値算定に軸足を置いている。

そして、企業価値算定のあり方について20世紀の米国型市場経済の躍進の中で生み出されたファイナンス理論が今の日本にしっくりしない部分があるとしたら、それは日本の経済および資本市場が第1ステージから第2ステージへの急激シフトに対応しきれないうちに第3ステージの環境変化にもさらされてしまい、「どういう状況における、何のための企業価値算定か」の前提が錯綜してしまっている側面もあるように思われる。

その意味でも、資本市場の役割や企業価値・投資価値算定シーンに3つの違ったステージがあるということを頭の片隅に置きながら、ファイナンス理論と付き合っていく姿勢が大切なのではないだろうか。

2：「資本家」とは誰なのか

資本主義経済社会を考えるにあたり、時代の変遷と並んで、「誰が資本の出し手なのか」という視点も重要だ。

企業価値算定や投資リターンの分析は、資本家目線の話であり、一般ビジネスマン（マルクス的に言うと労働者）には縁遠いトピック、という感覚を持たれがちだ。この誤解も日本における投資活動を洗練させるさまたげになっている。そこには「資本家＝カネでカネを生むことで豊かな生活を享受する特権階級」のイメージが刷り込まれた形で投資活動を捉えるバイアスがかかってしまう。

投資活動の主体としての「資本家」には、①国家、②起業家、③機関投資家の3タイプでイメージ作りをするとよい。これは前段の社会経済の発展段階の3タイプとも重なってくる。

まずは国家が主導する資本主義。これは戦後日本がとって奇跡的経済復興を達成したスタイルで、新興国は中国であれブラジルであれインド

ネシアであれ、同じような形をとることが多い。社会主義的政治体制の国やオイルマネーで潤う王国では、投資活動の意思決定主体が国家機関そのものになる。民主主義的政治体制の下では政治と密接な関係を持った財閥ファミリーが、投資活動の主役として立ち回るケースが多くある。

次に挙げられるのが「起業家（アントレプレナー）」という資本家である。モルガンやロックフェラー、日本における三菱や住友、といった財閥も、もともとは個人や一族が事業を一から立ち上げた起業家だ。

戦後日本の復興期、国と一体となり政官財三位一体方式の中で大きくなった企業も装置産業型を中心に多くあるが、ホンダ、パナソニック、ソニー、ヤマト運輸……、といった起業家精神にあふれる創業者のチャレンジから大きくなった企業も結構ある。近年も米国におけるインテル、マイクロソフト、グーグル、アップルや日本のソフトバンク、楽天、HIS、ファーストリテイリングのような事例では創業者が成功して富を蓄積し、投資家として活動している。

国や起業家とはややイメージの異なる資本家として、3つ目のカテゴリーの「機関投資家」という存在がある。

一般個人、いわゆる「庶民」の小規模な資金を集めて運用する投資の代理人であり、年金運用機関、生命保険会社、投資顧問、などの職種だ。銀行や証券会社の窓口でも購入される投資信託商品や積立型の保険商品などの形をとり、幅広く資金を集めている。

その総額は保険・年金基金だけで日本に444兆円（2015年9月時点）もあり、市場における価格決定に最も大きな影響を及ぼす存在であることは言うまでもない。

機関投資家に資金提供しているのは一般個人なのだから、日本における最大の資本家はわれわれ自身だということになる。毎月の給与から年金や健康保険の天引きという形で資金提供がなされるので、資本家としての意識が持ちにくくなってしまいがちだが、それぞれの個人が継続的に拠出する資金は山奥の湧き水のように渓流を作り、それが束ねられて機関投資家という大河を作っている。

経済の発展段階では労働を提供する庶民は、地主や企業のオーナー経営者の搾取対象となりがちだが、経済成長を通じて資本も民主化が進んでいく。1970年頃までに米国の一般サラリーマン家庭は豊かになり、老後のための蓄えが投資信託などの形で巨額の運用投資に回されていった。その結果、1980年代以降、米国の株式市場では年金基金や保険会社の存在感がモルガンやロックフェラーの財団より大きくなっていった。

　これは高度経済成長を経て外貨を稼ぎ蓄積してきた日本でも同じことだ。庶民から給料天引きの形で集められた資金は企業年金基金となり、その運用を投資顧問会社が受託し、さらにはその投資顧問会社は分散投資の一環としてヘッジファンドやモノ言う株主（アクティビスト）が運用するファンドにも流れていく。

　「虚業」とか「サヤ取りで短期的収益を狙うマネーゲーム」と揶揄され敵視されがちなファンドの利益が、巡り巡ってわれわれの年金基金の運用利回りを高め、年金財政の破綻を防ぐ役割を果たしたりする。逆にこの機関投資家がイマイチだと、「高く買って安く売る」資産運用をして、サヤ取り屋にボロ儲けのネタを提供する「カモ」になってしまう。その場合も、損をかぶるのは年金や保険金を受け取る立場の一般庶民だ。

　国家資本や財閥ファミリー的資本は、政治体制維持や一族の繁栄といった固有の意思・意図を持つが、機関投資家はそれに比べると良い意味でも悪い意味でも無機質でドライな存在だ。彼らは運用のプロであり、一般個人投資家の代理人、そのパフォーマンスは運用利回りの高さで評価される。

　「経営者の志の高さ」や「社会的意義」を投資先判断の要素に加えるとしても、それは結果的に投資リターンをもたらすことが期待されていなければならず、リターンを期待せずにお金を提供する行為は、「チャリティ」や「寄付」という範疇で語られる世界である。それは本来個人のレベルで行うべきことで、他人の資金を預かる会社や機関投資家の守

備範囲ではない。

本書で議論の念頭に置く資本提供者は、国家やファミリー一族のようなものでも、社会貢献NPO法人への寄付者のようなものでもない。一般個人から広く資金を集め運用する「プロ」の機関投資家である。そこには、「貧困解消や温暖化防止といった社会問題解決も大事だが、老後に備えて蓄えた資産が目減りしないように運用してもらうことがまず大切、『良いことはしているが儲からない』ではすまない」という多くの一般人の偽らざる本音が代弁される。

企業の社会的責任を重視し、環境問題や格差問題の解決をめざす活動は重要であり、市場原理では解決しない問題は世の中にたくさんある。しかし、資産規模と社会への影響力において機関投資家や営利企業が自由市場原理で活動する領域の広さには遠く及ばない。

そして、一般国民の付託を受けた機関投資家が投資できちんと儲けるためには、彼らが「正しく」投資を行う必要があり、そのためには「社会に短期的であれ長期的であれ『価値』を提供している会社は、きちんと金銭的にも儲かるはず」という前提が成り立っていなければならない。

戦後の財閥解体や農地解放という「リセット」のおかげで、日本は比較的富の格差が小さい。高度経済成長の恩恵は、広く会社勤めの一般人にもたらされ、資源国や発展途上国にありがちな特権階級への富の集中はさほど醜い姿をさらしていない。そうやって築き上げた国民資産は、機関投資家という資本家を通じて社会に再投資されている。

資産の株式運用やM&Aの世界は富豪の話で自分には関係ない、と思いがちだが、日本において最も強力な投資家は、実はわれわれ自身である。その投資・運用に無頓着でいると、悪知恵の働く連中に大切な老後資産をくすね取られてしまう立場にいることをもっと自覚したほうがよい。

3：ファイナンス知識は役に立つのか

3.1 ◆「役に立たない」と言われた時代背景

　長年にわたって日本のビジネス社会で欧米的なファイナンス知識は、「難解なわりに実務で役立たない」というレッテルを貼られてきた感がある。留学して苦労して学んで身につけても、現場実務に戻って使う機会は限られ、投資案件を説得する相手方の上司や株主がそのツールを共有していなければ、のれんに腕押しの空回りとなる。

　それどころか、「虚業的なテクニックで安易にカネ儲けをしようとしている」と、むしろファイナンス知識が害悪であるかのような白い目を向けられてしまうこともある。

　米国のビジネススクール的なファイナンスの知識やスキルが日本のビジネス社会で長年重要視されてこなかった最大の理由は、ファイナンス理論の中心が「エクイティ（equity＝株式）」の価値算定に置かれているにもかかわらず、日本における資金調達が銀行借入をはじめとする「デット（debt＝借入金、負債）」を中心にして戦後発展してきたためではないか、と私は感じている。

　エクイティ投資の原理原則は、「ハイリスク・ハイリターン」である。株式による出資は返す必要がなく利益が出ない限り配当も不要、という会社にとって都合の良い資金調達方法だ。当然、そういうリスクの高い形での出資に応じる「投資家＝株主」はそれに見合った高いリターンを要求する。失敗したら紙くずになる覚悟の投資は、うまくいったあかつきには大儲けできる仕組みでなければ割が合わず、出資者を集められないはずなのだから。

　リスクに見合ったリターンのあり方を考える、ここに米国的ファイナンス理論は注力している。

　それに対して、日本の経営者が言う財務上の「リスク」は、「会社が倒産する危険」のことを指している場合が大半だろう。借りたカネを返

せなくなる、銀行が融資を引き上げ資金繰り難に陥る、それをいかに避けるかが経営者の最大の財務的関心事だ。

銀行融資を資金調達の中心に据える考え方は、1990年以降紆余曲折を経ながらゆっくりと変化しつつある。

銀行が貸し渋りや貸しはがしを盛んに行った「失われた10年、20年」といわれる時代に、新たな資金調達・運用先として株式投資やM&Aという活動に注目が集まるようになった。特に「ネットバブル」や「ファンドバブル」の株式投資リターンの高さが目立つ時期には、ブームのような形で米国的ファイナンス手法がもてはやされた。

そして、その流れはリーマンショック後の世界経済の変調により再度潮目が変わり、金融モラトリアム法と呼ばれる法案が民主党政権下で成立し、自然災害が頻発する環境下で銀行や政府関連機関からの融資への依存体質が後押しされた。

その後の自民党・安倍政権下のアベノミクス経済政策、これは日銀による円安誘導と積極的な財政政策により日本経済をデフレ・スパイラルから脱却させたうえで、「第三の矢」である規制改革・成長戦略につなげて日本経済を再活性化しようというプランだ。

本書を書いている2015年時点で、その最終結果はまだ見えていないが、金融緩和による円安誘導と国の1000兆円の借金にさらに上積みする財政出動は、わかりやすく言えば「ドーピング」である。元気の出ない体に取りあえずニンニク注射をしてグローバル競争という国際試合で負けないようにしているわけだ。

ドーピングと呼ぶと、悪のレッテルを貼ることになるが、この施策があながち悪いと言えないのは、リーマンショック以降、欧米諸国もアジアの主要国も金融緩和政策を取り、世界中がドーピング状態で試合に臨んでいたような事情があるからだ。そういう状況下で日本だけがバカ正直にやっても、円高が進んで日本の基幹産業の輸出競争力が損なわれるだけなので、これが正しい施策なのだ、と言われればそうなのかもしれない。

このような金融緩和環境の下では経験上、ほぼ確実に「バブル」が起

こり、株価が高騰していずれ暴落する。暴落を避けようとすれば、さらなる金融緩和をするしかなく、株式や国債の価値の代わりにおカネの価値のほうが暴落する「ハイパーインフレ」の危険が高まる。

そうなれば現金・預金をたくさん持っている人や年金生活をしている人が損をし、借金していた人（や国）が得をする世の中になる。その乱高下の波を上手に乗りこなした者は大金持ちになり、そうでない者は大損をし、いわゆる「格差」が広がっていくだろう。

このような金融緩和でおカネじゃぶじゃぶの時代に、エクイティ投資のリスク・リターンのあり方をもとにファイナンスの「正論」をぶっても虚しく響くだけ、という側面があることは否めない。そんな理論を知らなくても「株価チャート」などを使って相場を読んで、株式投資で大儲けする人は世の中にゴロゴロいるし、カネ余りで融資先に困る銀行に支えられて生き延びている、いわゆる「ゾンビ企業」も数多くいるのが実状である。

3.2 ◆ 知らなければ困る時代の始まり

しかし、真面目に頑張っている日本企業の多くは、1980年以降、幾多のバブル発生とその崩壊の経験を踏まえ、ドーピングに頼った経営をしては危険だということをよく理解している。膨大な国の借金に支えられた経済運営がいつまでも続けられないことは明らかであり、そのクスリが切れた後の禁断症状や副作用と闘わなくてはならないことを認識している。

新興国企業がどんどんキャッチアップして力をつけている現状にさらされ、グローバル化の進む経済環境の下でぬるま湯に浸かっていては、ここ一番の勝負所で勝てないという危機意識を持っている。そういう生き残りを懸けた戦いの最中に、短期のサヤ取り目的で動き回る世界の投機マネーに経営を翻弄されるのは避けたいと思っている。

このような問題意識を持った経営者に役立つツールが、企業価値算定やエクイティ投資の実務スキルであり、リスクとリターンのバランスを

見定める道具を使いこなせるか否かが企業の命運を分ける時代に突入している。

　こんなことを20年前から言ってきた私なのだが、結局、それほど世の中変わっていないし、変わらなくても日本は平和で安全でそこそこ幸せにうまくやってきたと言う人もいるだろう。

　しかし、「いよいよ今度ばかりは」という感覚が私にはある。それは1700兆円といわれる日本の個人金融資産がついに眠りから覚める気配、投資家としての日本人がいよいよ変わりつつあるのを感じるからだ。

　その象徴的な出来事として、「2520億円程度のカネが出せないのか」という政治家的金銭感覚の新国立競技場建設案を白紙に戻させた世論の力を思い浮かべる人もいるだろうが、より大きなうねりは国民の大切な老後資金を預かり運用する年金積立金管理運用独立行政法人（GPIF）の運用方針が株式重視に変更されたことに表れている。

　GPIFは運用資産規模135兆円、中国の国策ファンドも中東のオイルマネーファンドもしのぐ、世界最大級の資産運用機関である。高齢化が進み、年金積立不足が取りざたされている中、GPIFは運用利回りを高めるべく、これまでの国債重視の「安全」運用から「適正なポートフォリオ分散投資」に舵を切ることを2014年10月に発表した。

　さらに200兆円の運用資金を持つゆうちょ銀行も、これまでその6割を国債運用していたが、株式上場に先立ち、株式や外債などのリスク資産比率を上げて、外資系出身のファンドマネージャーを市場運用のトップに起用した。

　この方針転換は、上場会社の経営者にとって脅威となる。今まで生保、年金に代表される「国内機関投資家」は温厚で、会社の経営方針に口出ししない存在でいたが、株式運用の比率が高まることは、その運用利回りに国民から厳しい目が向けられることを意味する。これまでは「ハゲタカファンド」や「外資系アクティビスト」が騒いでも、国内機関投資家は目先の利益目的で売りはしないという信頼があり、経営体制が揺らぐ事態に至らずにすんでいた。

しかし、これからは機関投資家がそうも言っていられない時代がやって来るのだ。年金やゆうちょ資金が株式市場に流入している間は株式市場全体が上昇機運になり、問題は表面化しないだろうが、いずれその上げ相場が終わるときにおそらく多くの上場日本企業は試練のときを迎える。わかりやすい例で何が起こるかをイメージしよう。

　海外の会社が株価低迷気味な日本の名門企業に敵対的TOBでの買収提案をしたとする。

　会社経営陣が「わけのわからない外資が突然乗っ取りにやってくるとはけしからん。断固防衛する！」と宣言するのはよいが、どうやって防衛するのか？　それは株主がTOBに応じて株を売らないようにお願いするしかない。土下座のお願いも虚しく、年金基金のファンドマネージャーが株を売ると決断したら、それは経営陣にとっては「安定株主の裏切り行為」だろうが、プレミアム付きのTOBに応じて利益を得るチャンスをみすみす逃すことは、年金基金の高い運用利回りを期待している「国民への裏切り行為」となる。

　年金基金やゆうちょ銀行をはじめとする公的機関投資家が、株式などのリスク資産の運用比率を高めるということは、このような敵対的買収事例での彼らの行動様式が変わることを示唆している。米国の年金基金は1980年代の敵対的買収ブームの際に、すでに資産運用者の責務に忠実・ドライな行動を取って、ファンドの敵対的TOBを支持し、売却に応じていた。

　年金財政が逼迫していくこれから、日本の機関投資家も「持ちつ持たれつ」という曖昧な行動基準では済まない世の中になっていく。本書では深く立ち入らないが、近年話題となっている、「日本版スチュワードシップ・コード」や「コーポレートガバナンス・コード」の策定は、この流れが加速していくだろうことを物語っている。

　個人の資産運用の世界でも、ゼロ金利の環境下で銀行預金にひたすら残高を積み上げてローリスク・ローリターン運用ばかりせず、ある程度のリスクを取る分散投資の発想は徐々にだが、確実に日本社会に浸透してきている。

COLUMN
4

欧米流は強欲礼賛、格差拡大なのか

　欧米的なファイナンスを学ぶことに対する偏見として、ファイナンスのプロたちが富の格差を拡大し、強欲を礼賛する風潮を世界に広めていて人類を間違った方向に導いている、という声がある。その考えは日本のみならず、世界的にもかなりの支持を集めている。

　これに対する私の見解は、

　　①この問題の本質を理解するためには、「価値の創造」において資
　　　本主義と市場経済の果たす役割とその時代変遷を理解するところ
　　　から始めなければならない
　　②ウォール街の連中が儲かるのは「カモ」になる人たちがいるから
　　　で、カモが賢くなることが唯一の問題解決の道なのではないだろ
　　　うか

の2つだ。①はかなり大上段に構えた話だが、本章で触れているとおりである。

　②については、本書を読み終えれば賛同いただけるのではないかと期待している。ただ、これは理想論にすぎないという批判はごもっともで反論する気はない。オレオレ詐欺などの特殊詐欺被害額が年間約500億円以上もあり、AIJ投資顧問という怪しげな会社に年金運用を任せて1000億円の年金が消失してしまう日本の現状で、カモを絶滅するのは不可能だろう。少しでも投資家が賢くなって（あるいは、賢い人に投資運用を任せて）カモが減れば、それだけ世の中はマシなものになるのではないかと言っているだけだ。

　ちなみに、私はウォール街的な金融のプロが大儲けすること自体は批判しない。彼らに願うのは、「うまくいった際の利益を自分が取るのな

ら、賭けが外れて大損したときも自分の尻は自分で拭いて（過去の巨額ボーナスで埋め合わせして）ね」と、「その富は社会に再配分してほしいので、脱税して地下経済に流したりしないでね」の2点のみだ。

3.3 ◆ 理論の限界をわきまえることも大切

　社会の変遷とともに、資本市場の役割も資本の出し手も変わっていく。その流れを踏まえて米国ビジネススクール的なファイナンス知識の重要性と有用性を説いてきたが、本章の最後に、その米国でもファイナンス理論が行き詰まりを見せていることに触れておこう。

　日本の資本市場は、確かに米国の「周回遅れ」だったかもしれないが、だからといって課題を抱えた米国金融市場の後をこれから追いかける必要はない。周回遅れだったがゆえに先に見えた風景が、金融政策では解決しきれない「デフレ」経済の姿であり、欧州や韓国・中国は日本が経験した「失われた20年」をこれから迎えるとも言われている。周回遅れがルール変更でトップになったようなものだ。その一周の経験差は、米国市場の実証研究成果から学べば、効率よく埋められるはずだ。

　企業価値算定の基本的な枠組みは、1950年代後半から70年代にかけて米国で開発され、ビジネススクールでの教育を経てファイナンス理論のグローバル・スタンダードとして定着している。その中心部分はノーベル経済学賞を取ったハリー・マーコウィッツの「現代ポートフォリオ理論」（MPT: Modern Portfolio Theory）や、これまたノーベル経済学賞学者であるウイリアム・シャープらが考え出した「資本資産価格モデル」（CAPM: Capital Asset Pricing Model、通称キャップエム）にある。

　さらに、金融工学といわれる領域がこの20年あまりの期間に発達し、その中心にはオプション価格算定の「ブラック・ショールズ・モデル」（BSM: Black-Scholes Model）という理論が鎮座している。

　いずれもギリシャ文字をふんだんに使った緻密な数式で、理解するの

にひと苦労する。そのわりには、現実の市場での価格形成をうまく説明しきれていないところがあり、実務現場ではかなり「割り切った」使い方をしているな、というのが1990年代をその世界で過ごしてきた私の実感だった。

21世紀に入り、理論どおり世の中が動いていない、という感覚はさらに増してきている。IT/ネットバブル、サブプライムバブルとリーマンショック、資源バブルと中国経済の失速などにより市場価格は乱高下を続けている。「100年に1度」と言われるような出来事が立て続けに起こっている。

そして、上記のファイナンス理論は、この市場価格形成の現実を説明しきれていない。それはある意味で当然だ。なぜなら数学的に処理できるよう理論化するためには、たくさんの前提を置かなければならず、その前提の置き方にそもそも無理があるからだ。その代表的なものは、

　　①情報が均等に手に入る世界で人々は常に合理的に行動する
　　②世の中の事象はサイコロを振るゲームのように確率分散しており、それは正規曲線というベルカーブを描いて分布する

の2つだろう。

近年、この2つの前提は多くの批判にさらされている。新たな論客たちはバブルが生成しては崩壊したり、大きな損失の発生確率を低く見積もって大失敗する現実世界を説明する試みとして「ゲーム理論」「行動ファイナンス／経済学」「複雑系」などの枠組みを取り入れている。これらは前述の2つの前提について、

　　①人は考慮すべき要素が多くなると、必ずしも最適な選択を行うことができなくなる。時間的制約の中で、人は感情的・直感的に意思決定する領域が大きい。そこにはさまざまな「バイアス」がかかる
　　②世の中の事象は、サイコロゲームのように1回1回が独立してい

図表6-1 経済現象はベキ分布に従う？

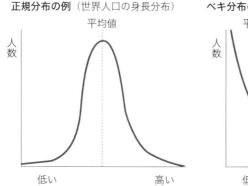
正規分布の例（世界人口の身長分布）

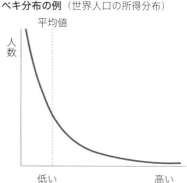
ベキ分布の例（世界人口の所得分布）

　て前後の影響を受けないという類のものはむしろ少なく、多くは「80：20の法則」（例えば上位2割の顧客が8割の売上を作る）に代表されるような、より偏った、かつ極端な値をとるサンプルの数が多い分布になる。つまり、正規分布ではなくベキ分布の形をとる（図表6-1）。

という考え方に立つもので、私の長年のもやもや感解消に大いに役立っている。

　私は、これらの領域の本を表面的に読み散らかした程度で経済・統計理論の専門家ではない。そんな私は、従来のファイナンス理論の枠組みを使って経営者が企業価値を自分の言葉で数字で語れるようになることをめざしつつも、同時に実際の市場が必ずしも合理的ではない中で経営者としてどう立ち振る舞うべきかを論じたい。

　その際に力強い味方になってくれるのは、「どんなに理論的に精緻なモデルを作っても複雑な市場の動きはシミュレーションしきれない」という現実認識だ。

　どんなスーパーコンピューターを使っても、リュックサックに20個の色々な形の持ち物をきれいに収納するにはどうしたらよいかは計算し

て答えを導けるものではないらしい。しかし、実際にわれわれは20個の持ち物をリュックに詰めてキャンプに出かける。

　現実市場における投資家の行動は、客観的・論理的というよりも、意外に直感的かつ集団心理に引きずられやすい。だとするならば、比較的シンプルで腹落ち感のある枠組みを使って経営者が投資家とコミュニケーションすることのほうが市場での適正な価格形成にとって効果的かつインパクトがある。

　自身が経営者として携わっている上場会社の株価が不当に低いと思えば自社株買いを積極的に行う、他社が不当に安いと思えばM&Aを仕掛ける、といった活動の積み重ねにより市場での価格形成は「適正な」ものになっていくはずだ。

　これらの経営判断のためには自分なりの「企業価値の物差し」を持っておかなければならず、その物差しは複雑な計算式を駆使していちいち専門家が計算しなくてはならないようなものでは実際には使えない。

　原理原則をわきまえつつも、手軽に取り出せて測定でき、その算定結果が聞き手にとって納得感が高く説得力あるような物差し、これが経営者にとって必要最低限なツールなのである。第Ⅰ部ではそれを提示した。

　もちろん、金額が大きく、会社にとって重要な意思決定であれば、簡単な物差しと直感だけで済ませるわけにはいかないだろう。その際には、専門家を起用して彼らに精緻な理論とモデルを使って計算をしてもらえばよい。

　ただし、その場合にも注意が必要だ。専門家の算定結果は、裁判の際などには役に立つだろうが。理論的に「正しい」と言っても、しょせんそれらの理論は数多くの前提を置いた上でのものにすぎず、その前提が変われば算定結果も大きく違ってくること、前提の置き方には経営者の直感や勘が入り込む余地が大きいこと、に常に留意しなければならないのだ。

　第Ⅲ部では、「リスク」「支配権（コントロール）」「オプション」とい

う3つのファイナンス理論上の概念を取り上げ、経営者の実務感覚とすり合わせて投資家との円滑なコミュニケーションに役立てる方法論を探っていく。

COLUMN 5

正規分布とベキ分布の補足説明

正規分布とは、ある標本集団のばらつきが、その平均値を境として前後同じ程度にばらついている状態を示し、これを表した分布図で見ると、平均値を線対称軸とした左右対称の釣鐘型（ベルカーブ）でなだらかな曲線を描く。

つまり、平均値の周辺にサンプルが多く集まり、値が大小の左右の裾野に向かうとサンプル数が急激に減る。「標本の約68％は平均値から標準偏差分のプラスマイナスの範囲に分布し、標準偏差×2分のプラスマイナスの範囲内に98％の標本が分布する」という特徴を持った分布で、測定誤差や不良品の発生確率などを統計的に計算する際などに用いられる。

一方、ベキ分布とは、極端な値をとるサンプルの数が正規分布より多く、そのため、大きな値の方向に向かって曲線は長くなだらかに裾野を伸ばしていく（ロングテール）。

地震の震度別発生頻度とその被害金額の分布のように、多数のとても小さな値とごく少数の巨大な値の標本から平均値や標準偏差を計算することにあまり意味はない。

これまで正規分布は統計の基礎となり、特に経済学が数学モデルを作るときに使う確率分布には、自然科学の分野で考案されたこの正規分布が多かった。しかし、近年の経済物理学の研究から、経済現象の多くは正規分布ではなく、ベキ分布に従っていることが判明している。たとえば、所得や純資産などの富の分布や株価などの価格の変化といった経済現象は正規分布ではなく、ベキ分布に従うことがわかっている。

ベキ分布は確率分布の1つにすぎないが、正規分布では起こりえない事象が実際にはある程度の確率で起こってしまう（不確実性の）問題を考えるうえで、有効なツールと考えられている。

出所：平成20年版『国民生活白書』第2章のコラムに筆者が例を加筆して作成。

第6章　日本市場に押し寄せる資本の論理とその課題・限界

第III部 Valuation

実務応用編
理論と実務の橋渡しの試み

ビジネススクールでファイナンスを学んでも、実務の世界では使えない場合が多い。「リスク」「経営支配権の価値」「オプション価値」を腹に落として理解すれば、M&Aや事業再生実務の本質がわかり、不確実性に満ちた時代をたくましく生き抜く知恵を身につけられるようになるはずだ。

リスクを数字にする方法

1 : 「リスク」の捉え方の差
——経営者視点と投資家視点

　リスクという言葉は、なかなか定義が難しい。ある人は「避けるべき危険だまされて金を失う、そういった事象を指して「リスクマネジメントをきちんとやらなければ」と言う。
　別の人は、リスクとは不確実性のことだという。地震などの災害、政治の混乱や戦争・テロなど予想しがたい出来事、そして、それらをきっかけにパニックが起きて市場メカニズムが崩壊してしまう事態を含めてリスクと呼ぶ。
　ファイナンス理論の世界では、さらに「不確実性とリスクは異なる」と教えられる。そこでは、成功・失敗の際の得失を確率計算できることを前提に、期待値（平均値）から上下に外れる度合いが大きい状態を「リスクが高い」といい、そのばらつきの幅の大きさを「ボラティリティ（ぶれ幅）」と呼ぶ。その定義では「リスク＝ボラティリティ」、期待値は同じでもばらつき幅が大きい状態をリスクが高いと呼ぶ。
　この場合、リスクは必ずしも避けるべきものではなく、人により、場合によりやるかやらないかが異なってくる。まさに「ハイリスク・ハイリターン」「虎穴に入らずんば虎児を得ず」という姿勢でことに臨むか、「ローリスク・ローリターン」「君子危うきに近寄らず」「石橋を叩いて

渡る」というスタイルを好むか、という選好の問題になる。確率計算になじまずに期待値自体が算定できない事象は不確実性の問題であり、ファイナンス理論はこれを考えてもあまり意味がない、というスタンスをとっている。

競走馬を買うというたとえでイメージするなら、致命的な故障を抱えている馬を調査不足でうっかり買ってしまう「リスク」が1番目、疫病が蔓延したり、戦争や大災害が起こって世の中は競馬どころでなくなるような「リスク」が2番目、調子に乗ればぶっちぎりの強さを発揮するが、そうでなければ全く走らない馬をあえて買うのが3番目の「リスク」、という感じだ。

では、血統もわからず、ケガをしてデビューすらできないかもしれない若駒を買うのは2番目か3番目か？　となると、これは確率計算できるか次第で境界線は実際には曖昧になるだろう（リスクと不確実性の違いについての詳細は、本章末のコラムを参照いただきたい）。

事業の舵取りをする経営者とファイナンス理論を学んだ投資家やアドバイザーとが企業価値をめぐって議論をする際、この「リスク」の捉え方が人によって異なり、それがコミュニケーションがかみ合わない原因になることが多い。

以下では混乱しないように、ファイナンス理論でいうリスク以外の、上記の例でいう2番目も含んだものを「広義のリスク」「トータルリスク」と呼んで話を進める。

1番目も「M&Aを進めるうえでの『リスク』として対象会社の会計不正や賄賂・脱税問題がある」などと語られがちだが、これは次章の冒頭でも触れるデュー・ディリジェンス（DD）の問題、隠れた債務を見つけ出して買収価格に反映させる作業であり、本章で分析するリスクとは異なるものとして取り扱う。

1.1 ◆ ファイナンス理論上の「リスク」の理解

　ファイナンス理論で取り扱うリスクは、ボラティリティのことであり、不確実性とは異なる、と定義されると、多くの経営者は「その定義では狭すぎるのでは？」という違和感を持つだろう。ファイナンス理論は投資家の立場、先のたとえで言うと馬主の立場、で組み上げられた考え方であり、経営者（個々の競走馬や騎手）の立場とは発想が異なる。その違いはひと言でいうと、「**投資家は『ポートフォリオ分散』という手段を持っている**」ということだ。

　個々の企業や経営者は、広義のリスクにさらされた環境で経営の舵取りをする。そこに潜むリスクは、それぞれの企業に特有な「固有リスク」（ユニークリスク、アンシステマティックリスク）と、どの企業もさらされている「市場リスク」（マーケットリスク、システマティックリスク）とに分けられる。

　企業Aは円高局面で収益が拡大し、企業Bは同じ局面で収益が縮小する場合、この為替リスクは、それぞれの企業の固有リスクだ。固有リスクはポートフォリオを組むことにより相殺できる。企業Aと企業Bの株式を同時に保有すれば為替がどちらに動いても収益へのインパクトは相殺され投資家のリターンは安定する。

　賢い投資家の鉄則は、「すべての卵を1つのカゴに入れるな（Don't put all your eggs into one basket.）」なのだ。そして、ポートフォリオに組み込む株式の数を増やせば増やすほど（分散投資をすればするほど）、上下の振れ幅を小さくしながら同じ期待収益を得られることになる。これが米国で1960年代に研究された「現代ポートフォリオ理論」（Modern Portfolio Theory）という、ファイナンス理論の根底を支える考え方である。

　分散できない固有リスクのマネジメントに日々奮闘している企業経営者にしてみれば、「そのリスクはポートフォリオ分散で解消できるから気にしないよ」と言われては拍子抜け、そのような理論で動いている投

資家に自社の株価が振り回されてはたまったものではないと憤りたくもなるだろう。

しかし、見方を変えれば、この「投資家目線」は企業経営者にとってグッドニュースであり、経営者はそのメリットを最大限利用すればよいといえる。なぜか？

投資家がポートフォリオ分散という手段を持っているがゆえに固有リスクの大小にとらわれることなく企業に投資することが可能になるならば、それは個々の企業の投資価値算定をするにあたって固有リスク分のディスカウント（割引き）が必要ないことにつながる。

少額で出たり入ったりが自由な上場株式市場に多くのカネが集まることによって、株式市場はさまざまなタイプの固有リスクを持った企業群を資金面で支える巨大な「孵化器（インキュベーター）」として機能することになる。この仕組みは、個性豊かにリスクテイクをしながら世の中に新しい価値を生み出そうとする個別企業や起業家が、低いコストでリスクマネーを調達できる場となるはずだ。

投資家たる馬主たちは共同出資の「シンジケート」を作ってさまざまなタイプの馬に分散投資する。個々の経営者は競走馬同様、自身の特徴を生かした走り方を磨くことに集中すればよい。その結果として血統の良い馬・悪い馬、気性の荒い馬・温厚な馬、などの多様な個性の活躍の場と、馬主の安定した投資リターンの両方が実現できるなら、それに越したことはない。

とはいえ、理論どおりならすべての投資家が市場全体のポートフォリオをパッケージした投資信託商品をひたすら買うだけという株式市場になるはずだが実際はそうはならない、という市場の現実への理解も重要だ。市場に集まる投資家の資金は、さまざま異なる「リスク選好」を持っている。機関投資家のファンドマネージャーたちは、ポートフォリオ分散というツールを片手に持ちつつ、もう片方の手で市場平均を上回るリターンを上げようと、個々の企業に対する分析力や目利き力を競い合っている。

「人の好みは十人十色」「蓼食う虫も好き好き」は、自由資本市場社会が中央集権・計画経済的な社会に対して持っている優位性の1つを表現している。個々の経営者がその強烈な個性（固有リスク）を主張すると、広い世の中に存在する「もの好き」な投資家が、どうせポートフォリオ分散できるから、こういう変わり者もその1つに組み込んでもいいんじゃないか、という投資行動をとる。

そのうちのいくつかが大化けし、世の中を一変させる発見やイノベーションをもたらし、社会をより豊かにする。国（行政）が主導して計画的に資本配分をするやり方は、向かうべきゴールが明確な「追いつき追い越せ」の時代には効果的かもしれないが、そこからはあっと驚くイノベーションを生み出すダイナミズムは育まれにくい。

自由市場をベースとする資本主義経済社会において経営者が行うべきことは、その事業の広い意味での「リスク」をきちんと投資家にコミュニケーションして、相応の投資家と出会う確率を高めることだろう。そのためには、経営者のいう広義のリスクがファイナンス理論によって数値化されたリスクとどういう関係にあるのか、どのように企業価値という数字に反映するのか、というメカニズムを理解しておかなければならない。

それは、投資価値算定のグローバル共通方式であるDCF方式の考え方とその限界を理解することにほかならない。

1.2 ◆ リスクと割引率と資本コスト

第I部の基本構造で述べたとおり、企業価値はその企業が将来にわたって生み出すキャッシュフローの現在価値である。つまり、

- ・将来の絵姿をどう描くか
- ・その将来キャッシュフローを現在価値に割り引く割引率を何パーセントと置くか

の2つによって決まる。

2番目の要素が通常「リスク」として語られる領域で、その意味では、割引率とはリスクという得体の知れない代物をパーセントという数字で表現する試みであり、それが割引率や資本コストを算定するという作業である。

1.3 ◆ 資本コストを「正確に」計算するには

欧米ビジネススクールのファイナンスのクラスでみっちりと学ぶテーマの1つが、資本コストの算定だ。企業が必要資金を外部調達する際に資金提供者（融資してくれる銀行や出資に応じてくれる株式投資家）に支払うべきコストがいくらかを算定し、そうやって集めた資金を投資して生み出す収益が資本コストを上回るならばその投資は承認となり、下回るなら却下、という判断基準で、M&Aをはじめとするあらゆる投資の意思決定に用いられる。

そして、将来のキャッシュフローを現在価値に割り引く際の割引率には、資本コストとしてWACC（Weighted Average Cost of Capital、加重平均資本コスト）を用いるべし、と教わる。

その公式は、言葉で表現すると以下のとおりだ。

WACC＝借入金利（節税効果勘案後）と株主資本コストの加重平均

株主資本コスト＝無リスク金利＋ β（ベータ）×株式市場プレミアム

2番目がCapital Asset Pricing Model、略してCAPM（資本資産価格モデル）と呼ばれている有名な公式だ。企業価値算定や投資判断の場面で「ワック」「キャップエム」は日常用語として使われるので、この2つの意味はしっかり理解しておいたほうがよい。

まず結論から言うと、株主資本コストやWACCが上記の公式に機械的に数字を入れることによって理論的に「正しく」算定できるという幻想は捨てたほうがよい。しかし、その理由は公式そのものが間違ってい

るからではなく、株主資本コスト算定に用いるべき数値として何を使うかに正解がないからである。

「株主資本コストを算定する」という作業の本質は、「この投資の資金調達に出資、つまり、返してくれと言えず利益が出なければ配当はなく、最悪紙くずになってしまうリスクの高い形で参加してくる投資家は、どれほどのリターンを要求するのか」を推定することだ。

CAPMの公式では、株式投資家がその要求リターンを以下の3つの問いに答える形で弾き出していると想定しており、この発想法は理にかなっているし、わかりやすい。

①リスクがない投資にそのカネを投じれば、いくらのリターンが得られるのか
②株式市場というリスクある投資市場にそのカネを投じる場合は、無リスク投資で得られるリターンよりどれほど高い「プレミアム」を要求すべきか
③株式市場全体ではなく個別の株式に投資する場合、それは株式市場全体に投資するリスクより高いか低いか

それぞれの問いにどう答えるか？　一般的には以下のとおりとなっている。

①無リスク金利……5年～10年国債金利を用いる（投資がだいたい5～10年ぐらいの期間設定で行われるとの前提）
②株式市場プレミアム……超長期間（日本であればデータのとれる1950年代から直近まで）日本の株式市場全体に投資していたとしたら、配当とキャピタルゲインで得られているリターンは、同期間国債に投資し続けた場合に得られるリターンを実績値でどれほど上回っているか
③β（ベータ）……過去の一定期間（この期間の取り方はさまざまある）において当該株式（上場していない場合は上場している同

業他社の株式）の株価は、株式市場全体（TOPIX）の変動に対してどういう傾向を持っているか、を回帰直線の傾きで計測する。市場全体より激しく上下するタイプの株式の β は1より大きく、市場平均の上下変動率より小さくしか変動しない場合は1より小さい、となる。

　このあたりから、だんだん「？マーク」が多くの人の頭に湧き出してくるに違いない。その疑問は、「そのやり方で本当に株式投資家の要求リターンが計算できるのか？」というそもそも論から、「数字の取り方次第でいかようにも変わってしまうのでは？」という実践的なものまでさまざまある。まずは普通に計算してみて、次にどこがどうおかしい（実感にそぐわない）のかを順につぶしていこう。

①国債金利は新聞に載っており、2015年7月時点の10年国債で約0.45％となっている。

②株式市場プレミアムは専門会社がデータを作成しており、これを購入すればよい。日本の株式市場データのある1952年〜2014年までの超長期で8.88％、戦後の復興期部分を除いて東京オリンピックの1964年以降の50年間では6.08％となっている。

③ β はロイターなどのサイトで株価検索をすれば手に入る。β は金融、ハイテクのように景気変動や技術革新の影響が大きい業種では高く、食品、医薬のような生活必需品で、景気変動の影響をあまり受けない業種では低くなるといわれている。

　こうやって計算した株主資本コストを使って、さらにWACCを計算する。WACCは有利子負債コストと株主資本コストの加重平均、そのためには会社の有利子負債と株式時価総額の合計に占めるそれぞれの割合に応じて、支払金利コスト（これは経費として支払税金を減らす効果があるので税率＝日本では40％程度を差し引く）と株主資本コストを掛けて算出する。

図表7-1	日清食品とシャープの資本コスト試算（2015年7月時点）

無リスク金利	0.45%	◀10年国債の金利	
株式市場プレミアム	6.0%		
税率	40.0%		
	日清食品	シャープ	
株価β	0.413	1.142	◀過去5年間の週次で算定
株式時価総額(E)(億円)	5,975	2,790	◀2015年7月16日の株価より算定
有利子負債(D)(億円)	157	9,743	
D/(D+E)	0.03	0.78	
E/(D+E)	0.97	0.22	

日清食品のrE = 0.45% + 6.0%×0.413 = 2.93%

シャープのrE = 0.45% + 6.0%×1.142 = 7.30%

シャープのWACC = 0.78×1.4% + 0.22×7.30% = 2.74%

　②と③についてSPEEDAという有料データベース会社のものを使っ て、安定性が高いといわれる食品業界の日清食品ホールディングスと、 ハイテク系で大きな損失を出し事業再建の正念場にあるシャープの2社 の株主資本コスト（rE）とWACCを算出してみたのが**図表7-1**だ。

日清食品とシャープの資本コストは同じ程度？

　実質無借金の日清食品のWACCは、株主資本コストのままの2.9%、 シャープは株主資本コストが7.3%と高めだが、節税効果勘案後の負債 金利（決算書の支払利息＋割引料と借入金から逆算すると2.4%、節税 効果勘案後1.4%）が低いので、加重平均コストであるWACCは2.74% と、日清食品より低くなってしまう。

　これが2社に投資する「リスク」を数値化したもので、日清食品への 投資もシャープへの投資も似たようなリスク、3%程度のリターンを投 資家は要求して企業価値算定する、と言われても、正直なところ説得力 は低いだろう。私が実際に見てきたさまざまな会社の投資・M&A案件 でも8〜10%程度の投資リターンが見込めなければ、案件は投資委員会 を通らないものだった（そのリターンを実現するために、案件担当者は

将来見通しをバラ色に描きすぎるというワナに陥ることも多いが、その話は別のところで論じる)。

2015年のシャープのような特殊な状況で理論値と乖離するのは当然で、例が悪いと言う人もいるだろうが、企業価値算定が問題になるM&Aや事業再生は多かれ少なかれ対象事業が特殊な状況にあるもの、そういう場合にはどうすればいいのかの答えが必要だ。

この場合、シャープの財務破綻リスクを債権者がすでに認識していれば、債権は額面ではなく時価にしなければならないことを第1章第3節で説明した。

たとえば、銀行がシャープへの融資金を債権流動化市場で売却するとしたら、30%のディスカウントが必要だとすると、買った側の投資家は70で買った債権が満期に100になり、その間の利息をもらえるという形で利回り計算する。満期まで3〜5年あるとすると、この債権投資の利回り(IRR)は節税効果勘案前で10〜15%、つまり、実質金利コストは跳ね上がっていると考える必要がある。

株主資本コストは、それよりさらにリスクが高くなっているはずで、20%あたりが株主資本コストとなるだろう。この株主資本コストは、シャープの株価の動きから β を算定してCAPM公式に入れても出てこない(このような株式の価格には「株式のコール・オプション価値」が織り込まれていると考えるべきだが、それについては第10章の事業再生のメカニズムのところで説明する)。

1.4 ◆ 理論値と実務現場感覚の差はなぜ生まれるのか

実務現場の感覚と理論値の差は時代と環境によって異なり、特に昨今の世界金融市場や日本の株式市場では差が大きくなりがちだ。その差が生まれる原因は、上記の株式資本コスト算定の3ステップのそれぞれに含まれている。

国債が無リスクでない時代の無リスク金利

最も安全な投資先は、国が元利保証している国債であるはずだ。とはいえ、日銀の政策誘導によりゼロ近辺という超低金利に抑え込まれている金利をそのまま使うわけにはいかない。15年前の2000年には、「国債が無リスクだという前提に納得のいかない人は、より信用できる国に移住するか信用に足る国にすべく政治家になることをお薦めする」と前著に書いた私だが、さすがに今の状況で国債が無リスクだとは言いづらい。

かといって、他の国々も五十歩百歩、世界中が金融緩和の低金利合戦をしている。日本国債の格付けはシングルAでトヨタ自動車より低い。さらにクレジット・デフォルト・スワップ（CDS）という、債務不履行に陥った際の保険のような仕組みが発達している中、日本国債の保証料率（プレミアム）が50ベーシスポイント（金融用語で金融商品の利回りを示す単位。1ベーシスポイントは0.01％）あたりにある。つまり、国債がデフォルトした際の損失をカバーするためには、0.5％の保険料を支払わなければならないわけで、これでは無リスクとはとてもいえない。

というわけで、無リスク金利は国債金利より実際には高いのではないか、今の金融緩和・低金利誘導政策が長期的に続くわけではないので、より安定的な金利を使ったほうがよいのではないか、と実務はあれこれ苦慮している。30年国債の1.5％あたりを使ってみたり、金融緩和の反動として起こる円の下落と、それに伴うインフレ予想を織り込んだ金利を算定してみたり、中長期的に安定性ある利率として、えいやと2～3％と置いたりしているのが実情のようだ。

そして、無リスク金利を引き上げるからには、WACC計算の際の借入金利もスライドして上昇させなければならない。

株価が暴落すると株式市場プレミアムは下がるのか

超長期の過去の実績値を使って、これからの将来に向けてのリスクマネー投資に要求されるプレミアムを推定するアプローチには無理が生じてきている。高度経済成長期を含めた期間をとって、「国債投資より7％高いリターンを実現してきた」と言われても、「だから、これから先の

投資についても、株主は同じリターンを期待している」という論法は説得力に欠ける。1990年からの「失われた20年」で見れば、株式投資のリターンはまだマイナスである。2000年以降の、ITバブルの後からの期間をとれば、昨今のアベノミクス効果でようやくリーマンショックを乗り越えて、やっとプラスマイナスゼロに戻った、という程度だ（と書いている矢先に、中国経済や資源価格などの先行き不安から株価下落が起こり、またマイナスに逆戻りしている）。

　そもそもの考え方にも問題がある。

　リーマンショックや中国ショックで株価が急落した時期までの株式投資の長期リターンは、その直前で株価水準がまだ高かった頃までのリターンより当然低くなる。しかし、その変化を「株式市場リスクプレミアムが下がった」とは通常受け取らない。リーマンショックが起こり欧米金融機関が破綻危機を迎えた際には、投資マネーは「リスクからの逃避」と称して株式市場から投資マネーを引き揚げ、安全資産である国債や金にその資金をシフトさせ、その結果世界の株価は暴落した。

　株価が下がるという現象は投資リターンの要求水準が上がることの裏返しなのだから、株価下落局面の株式市場プレミアムは、それ以前より高くなったと考えるべきだろう。

　2000年以降、日本および先進国の株式市場は金利が低く安定している中でバブルと暴落を繰り返している。金融緩和によって低金利で利回りの高い資金運用先がなくなる環境下では、相対的に株式投資の要求リターン（株式市場プレミアム）も低くなり、株価上昇を加速させるのだが、それが過熱しすぎたあたりで悪いニュースが出ると、それをきっかけに、「やはり、株式投資は損失のダメージが大きいので、高めのリターンを要求しなければ」と潮目が変わって株価暴落をもたらす。これらは株式市場プレミアムが短期間に上がったり下がったりしていると解釈できる。

　つまり市場投資家は、「適正な株式市場プレミアム」について右往左往してしまっているのが実態だ。ヘッジファンドなどの投機マネーで株

価は乱高下しがちになってきており、そういう市場から長期的スタンスの投資家が株式市場において期待する投資リターンを読み取ることは、現実的には難しくなってきている。

βとプロジェクト投資リスク

最後の、そして最も大きな疑問は、「個別の投資プロジェクトのリスクが株式市場全体に投資するリスクに比べて、より高いか低いか」を測る指標として β が本当にふさわしいのか、である。

先に説明したとおり、β で株式資本コストを調整する考え方は、投資家がポートフォリオ分散投資できることが前提となっていて、理論上はこう説明できる。

> ある会社がM&Aや新規プロジェクト投資を行うべきか否かの判断は最終的にはその会社の株主がそれを承認するか否かによるが、その株主投資家は個々のプロジェクトの「リスク」をしょせん分散投資により消せる前提で、本プロジェクトの実施が株主投資家のポートフォリオ分散投資のバランスにどう影響を与えるかだけを気にしている。バランスが悪くなると思えばその株を手放して別の株に乗り換えるか、バランスを戻すような他の株式を追加購入するかという判断で対応する。

しかし、この理論どおりに現実の株式市場で株価が形成されているのか、会社がM&Aされる際の価格算定にこの β を使って割引率を決めてよいのか、については疑問が尽きない。

シャープの5年週次 β は2015年7月時点で**図表7-2**のようにTOPIXの変動率に対する変動率の散布図から回帰直線を求めてその傾きとして1.089と計算された。確かに市場全体より変動幅は大きくなっているが、シャープへの投資リスクの大小という意味で市場平均とこの程度の違いしかないものだろうか？　借入金が多い会社の株価は、無借金の会社のものより変動が激しくなるはずなので、シャープのように借金の多い会

図表7-2 シャープの株価変動率 対 TOPIX変動率（2015年7月）

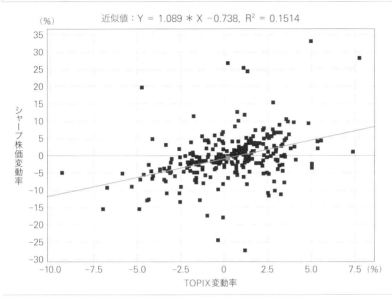

出所：SPEEDAデータベース。

社の株価はその分だけ大きく振れるはずなのだが、それがすべて β に反映されているようには見えない。

図の散布図の右上に $R^2 = 0.1514$ とあるが、これは「決定係数」という、近似直線で分布の傾向をどの程度が説明できるかの割合を示している数値で、0.1514というのは、その直線では分布の15％しか説明できないことを示している。

株価の相対的な変動傾向から β 値で読み取れるリスクは、あくまでポートフォリオ分散できる投資家目線であり、それは固有リスクの一部分しか捉えることができない。

ただし、同時に「大数の法則」というのがあり、サンプル数を増やすほど理論値からの乖離幅が小さくなっていくという一面もある。現に東証 β 値は業種ごとに束ねることにより、安定的なものとなっている。東証33業種の業種 β 値とその標準偏差の一覧は、図表7-3のとおりで、こ

図表7-3	業種別 β 値

業種	2009年3月	2010年3月	2011年3月	2012年3月	2013年3月	2014年3月	2015年3月	平均	標準偏差
水産・農林業	0.53	0.49	0.55	0.50	0.52	0.51	0.52	0.499	0.046
鉱業	0.90	1.12	0.97	0.92	1.06	1.05	1.01	1.006	0.076
建設業	0.62	0.77	0.68	0.71	0.71	0.68	0.68	0.700	0.038
食料品	0.61	0.45	0.54	0.46	0.46	0.39	0.43	0.456	0.048
繊維製品	1.14	0.83	0.88	0.83	0.83	0.78	0.77	0.829	0.071
パルプ・紙	0.81	0.52	0.56	0.54	0.57	0.53	0.61	0.560	0.056
化学	1.01	0.74	0.81	0.77	0.79	0.76	0.76	0.776	0.053
医薬品	0.64	0.70	0.71	0.68	0.69	0.73	0.79	0.715	0.043
石油・石炭製品	0.80	0.97	0.94	0.87	0.88	0.86	0.83	0.881	0.062
ゴム製品	0.85	0.80	0.88	0.88	0.90	0.87	0.86	0.858	0.034
ガラス・土石製品	0.87	0.82	0.86	0.84	0.86	0.79	0.78	0.828	0.031
鉄鋼	1.27	1.07	1.06	1.08	1.05	0.99	0.96	1.057	0.066
非鉄金属	1.21	1.10	1.11	1.09	1.06	1.06	1.00	1.077	0.053
金属製品	0.65	0.67	0.71	0.69	0.71	0.66	0.68	0.685	0.019
機械	0.96	0.92	0.98	0.96	0.97	0.93	0.89	0.939	0.029
電気機器	1.12	0.91	1.01	0.98	1.00	0.98	0.95	0.968	0.046
輸送用機器	0.93	0.95	1.04	1.02	1.07	1.05	0.99	1.011	0.044
精密機器	0.66	0.79	0.87	0.85	1.10	0.82	0.82	0.840	0.072
その他製品	0.71	0.63	0.67	0.65	0.68	0.65	0.65	0.657	0.020
電気・ガス業	0.46	0.38	0.46	0.37	0.40	0.53	0.65	0.458	0.099
陸運業	0.72	0.50	0.54	0.47	0.47	0.45	0.48	0.498	0.059
海運業	1.27	0.98	1.03	1.07	1.10	1.02	0.94	1.032	0.066
空運業	0.80	0.79	0.83	0.75	0.72	0.53	0.46	0.695	0.122
倉庫・運輸関連業	0.78	0.63	0.63	0.58	0.59	0.57	0.63	0.614	0.046
通信業	0.72	0.82	0.89	0.79	0.77	0.72	0.75	0.793	0.058
卸売業	0.48	0.63	0.68	0.63	0.64	0.58	0.60	0.622	0.040
小売業	0.47	0.57	0.67	0.55	0.55	0.50	0.52	0.543	0.049
銀行業	1.19	0.93	0.89	0.85	0.86	0.85	0.95	0.892	0.071
証券・商品先物取引業	1.53	1.23	1.08	1.12	1.25	1.37	1.33	1.234	0.105
保険業	1.21	0.86	1.02	1.13	1.16	1.04	1.08	1.182	0.189
その他金融業	1.29	1.19	1.19	1.17	1.16	1.15	1.08	1.154	0.043
不動産業	1.11	1.09	1.07	1.05	1.07	1.09	1.01	1.077	0.046
サービス業	0.96	0.72	0.76	0.69	0.68	0.63	0.66	0.707	0.067

出所：プルータス・コンサルティング。

れを事業特性に応じた「リスク」指標の1つの参考値として使うことは
できるかもしれない。

2：市場の現実からリスク＝割引率を読みとる

2.1 • 実務における対応例

　個別のM&A案件の企業価値算定にDCF方式を用い、その割引率と
してWACCを用い、その構成要因である株主資本コストのリスク係数
として β を用いる、というファイナンス教科書的アプローチは、さま
ざまな留意が必要なことを述べてきた。理論にダメ出しするのはよい
が、どうすればよいのかの対案を示せという声はごもっとも、いくつか
を紹介しておこう。

β について

　企業価値評価レポートを作成する実務の世界では、β 値として米国
のバーラ社（現MSCI社）のものを用いるという話をよく耳にする。こ
の β は過去実績をさまざまな要素に分解して掛け合わせて算出し（これ
はマルチファクター・モデルと呼ばれる）さらに将来の見通しを織り込
んでいるので、将来のキャッシュフローを割り引くのにふさわしいとい
われている。

　しかし、その算定方法がブラックボックスになっているので、残念な
がら私も説明できない。そして有料でしか手に入らないので、その世界
の専門業者でなければ手に入れ難いという難点がある。

　実務的なファイナンス分野で著名なニューヨーク大学ビジネススクー
ル教授のアスワス・ダモダランは、非上場会社の企業価値算定につい
ての論文の中で「トータル β」という考え方を紹介している。リスク
はボラティリティと理解したうえで、単純に市場全体の変動幅（標準偏
差）と当該会社（非上場会社や個別プロジェクトの場合は類似上場会社）

の変動幅の比率を β として使う方法で、買い手がポートフォリオ分散により固有リスクを相殺できない場合に有効な考え方だと説明されている。

ある会社の株価の標準偏差が30％でTOPIXの標準偏差が15％だとすれば、この会社の β を「30÷15＝2.0」としてCAPM公式に使う。日本の裁判事例に株価評価意見書作成者としてよく登場するプルータス・コンサルティングでも、個別企業の企業価値算定においては状況によりトータル β の考え方を参考にする場合もあるとのことだ。

株式市場プレミアムの算定について

こちらも実務の世界では過去の実績という「ヒストリカル・アプローチ」ではなく、現在実際に市場で株式を売り買いしている姿から株式投資家が期待している投資リターンを読み取るアプローチの方が主流になっているようだ。これは「サプライサイド・アプローチ」「インプライド・アプローチ」と呼ばれている。

期待リターンを市場から読み取るとはどういうことかというと、以下のとおり、意外にシンプルだ。

2015年7月10日の東証第一部全銘柄の株式時価総額が575兆円、対象となっている会社の今期予想利益を合計すると34.4兆円である。ここから株式投資家は、「34.4÷577＝約6％」の投資利回りを期待して株価の値づけをしていると読み取るのだ。「益回り」と呼ばれているこの数字を使って、CAPMの公式から逆算していけばよい。

市場全体について検討しているので、当然 β は1.0だ。無リスク金利が0.5％であれば、次のようになる。

株式市場リスクプレミアム＝益回り－無リスク金利＝5.5％

株式投資家は、今期の見通し利益だけでなく将来の株価成長も期待しているので、益回りにはリスクだけでなく、成長性（g）も含まれる。東証第一部全銘柄の成長率が日本の経済成長と同じぐらいだと想定す

れば、リスクプレミアムもそのg分上乗せされることになる（r − gが5.5%なので）。

実は、これはr − gの逆数である倍率指標で市場の声を読み取るという第1章のやり方と同じだ。倍率と割引率はコインの表裏だと言ってきたのと同じことを、この「インプライド・アプローチ」は行っている。

2.2 ◆ 不確実性と割引率
──それはリスクの問題か成長性の問題か

DCF方式で用いるべき割引率は、以上のとおりピンポイントに定められる性質のものではないが、それが理由で企業価値の算定結果を大きく誤ることは、実はそれほど多くない。なぜならば、企業価値を決める第1のカギは、将来キャッシュフローの絵姿をどう描くかであり、それは企業経営者およびプロジェクトの実行責任者の仕事だからだ。多くの場合、算定される企業価値（PV）は、割引率よりも将来キャッシュフローの見通しに大きく左右される。それは、

$$PV = \frac{C}{r − g}$$

の公式においてrをどう調整するかではなく、Cとgをどう定めるかの問題だ。

ファイナンス理論で取り扱われるリスクはボラティリティのことで、そこまではrの検討でカバーされるが、将来キャッシュフローの不確実性の問題は、発射台としての足元のCと将来に向けてのgをどう定めるか、で織り込む。これがファイナンス理論の割り切り方である。

しかし、将来の事業計画づくりは経営戦略、マーケティング、オペレーション、リーダーシップや人材マネジメントなど、ビジネススクールの他の領域で取り扱うトピックであり、ファイナンスはそこまでカバーしていない、と言われてしまうと、多くの経営者や事業責任者はファイナンス不信に陥り、アドバイザーに高い手数料を支払って企業価

図表7-4 さまざまなリスクと不確実性——バリエーション上の整理

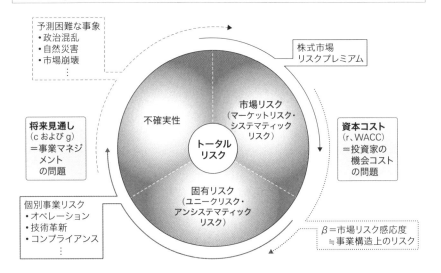

値算定をしてもらう気が失せるかもしれない。

　先に述べたとおり、経営者にとっての「リスク」とは、将来のキャッシュフロー見通しを狂わせる諸要因であり、事業計画達成の不確実性という意味あいが大きい。

　にもかかわらず、ファイナンスの専門家が「リスクとはボラティリティのことです」と言ってcやgの不確実性をどう数値的に捉えるかの議論と切り離して説明すると、両者のコミュニケーションがかみ合わなくなるのだ。

　ここまでの「リスク」に関する議論を整理してみたのが、図表7-4である。

　さまざまな「リスク＝トータルリスク」は、市場リスクと固有リスクに分解して、ポートフォリオ分散投資する投資家視点でのリスクの捉え方を紹介した。

　それを使って事業やプロジェクトへの投資判断を求められる経営者

が用いるべき「割引率」「資本コスト」をいかにして算定するかを検討してきた。さらには、CAPMの公式やβという相関係数でどこまでのリスクを捉えてrに反映できるのか、そこで捉えきれないものは不確実性の問題として、むしろ将来に向けての成長性gに反映すべきではないか、という考えを提示した。

　その不確実性には災害や戦争、世界経済情勢などの予測不能な要因や金融緩和・国家債務増大といった政策要因がますます大きなウエイトを占めるようになってきており、それが株式の市場リスクプレミアムや無リスク金利の根拠である国債金利に影響を与えている。

　それぞれの概念は入り組んでおり境界線も曖昧だが、この**図表7-4**は経営者や事業責任者と投資家や決裁権者との間のコミュニケーションを円滑にするのには役に立つのではないかと考える次第だ。

2.3 巡り巡って r − g の問題に戻る?

　将来キャッシュフローの不確実性という意味での「リスク」は、gの問題として経営者が判断すべきものとするのか、それともrやWACCの中にその要素を織り込んで割引率を調整するべきなのか?

　おそらく両方だろう。gをどのように設定すべきかについては、次章以降でさらに検討を加える。ここでは、経営者として常識外れな判断をしないためには何が重要か、について確認しておきたい。

　重要なのは、リスクを広い定義で捉えたうえで数値化することにあり、そのためにrとgを個別に論じることにあまり意味はないと私は考えている。言い換えれば、rは何パーセントが正しく、gは何パーセントが正しいのかを別個に論じるのではなく、r − gとして何パーセントが適切なのかをざっくりつかまえることが、経営者視点で重要なのである。

　そして、その答えは投資家に聞く、市場から読み取るしかないのだ。DCF方式と倍率方式は根っこがつながっているのだから、上場している類似会社、最近起こった同業におけるM&A事例の倍率指標の逆数と

して、市場投資家やM&Aを行った他社が使ったr－gを読み取ればよい。

　PERが20倍だということは、益回り（r－g）が5％だということであり、それはr（株主資本コスト）が6％でgが1％なのか、rが5％でgはゼロなのか、はたまたリスクが高いのでrが高めの10％でその分gが5％と高いと考えるのか。いずれでも結論としての適正価格水準は変わらない。その「物差し」さえ持っていれば、大きく判断を誤ることはないはずだ。

　何もかもを「市場に聞くしかない」で済まされてしまっては困る、それでは企業価値算定実務で直面する問題の解決にならない、と思われる方も多くいるだろう。市場の声に従うだけでは、バブル価格の高値で企業買収し、その崩壊により大損することにつながってしまう。しかし、「倍率評価」というバリュエーションの物差しを持つということはそういった市場の過熱状態や過剰反応に流されず冷静な判断を下すために役立つはずだ。

　「今の株価水準は倍率の過去推移に照らして高すぎる。ここは入札合戦に安易に参加して値段の吊り上げ競争に巻き込まれることのないよう、様子見だ」

　「外部環境リスクに過剰反応してパニック状態のように価格が下落している今こそが、安い値段で買収するチャンスだ」
という姿勢こそがM&Aを成功させるポイントであり、市場の声とその分析者であるアドバイザーの声に謙虚に耳を傾けつつも、主体的に判断を行う経営者の「経験と勘」がモノを言う世界なのである。

　そして株式投資家は、その経営判断力への信頼と期待をr－gの形で株価や企業価値算定の「倍率」という数字に織り込んで評価するのだ。

　さらには、事業の将来に対する経営者の構想力やリスクマネジメント力を定量化し、投資判断に役立て、投資家とのコミュニケーションを建設的なものにすることも重要だ。その有効なツールの1つが第9章で説明する「オプション的思考」なのではないかと私は考えている。

COLUMN 6

不確実性とリスク
──最後は「経験と勘」で決めるしかない？

さんざん検討した挙げ句の果てに、このタイトルを見せられると拍子抜けだろう。しかし、どうやらこれが理論と実務の橋渡しに取り組む者の正直な共通理解のようだ。

まずは不確実性とリスクの違いに関して、経済学者タイラー・コーエンが「Marginal Revolution」というサイト（日本語訳は「経済学101」というサイトにある）でわかりやすい例を挙げているのでそれを紹介しよう。

> 「40枚のカードから1枚を引いて、それが赤だったら賞品がもらえるゲームで、
> 　①リスキーな賭け：赤と黒が20枚ずつ入っていることがわかっている
> 　②曖昧な賭け：赤と黒が何枚ずつ入っているかがわからない
> としたらどちらの賭けを選ぶだろうか」

①がリスクの話、②が不確実性の話だ。興味深いことに、大半の被験者は①を選ぶとのことだ。被験者の脳の状況を調べると、②の賭けに直面した被験者の脳では、感情・恐怖のコントロールにかかわりを持つ部位の活動が活発さを増す傾向にあるらしく、曖昧さ（不確実性）を忌避する人間の態度は、人類の進化の過程で脳に備わった機能であるらしい。

ファイナンス理論的なリスク分析が経営に役立つ場面が実際には限られることについては、ファイナンス理論の総本山であるシカゴ学派の創始者の1人、フランク・ナイトがはるか昔の1920年代にすでにほのめかしていた。彼が1921年に出版した *Risk, Uncertainty, and Profit*（リスク、不確実性と利益）の第3部には以下の一節がある。

> 「完璧な形のサイコロを振った際に出る目の分布は、数学者は確

実性をもって容易に計算できる。それに対して建物が火事に遭う確率の場合、サイコロ投げの統計と同様に、ある地域のある日時に火事が起こることを先験的（a priori）原則に基づき計算できるというのはバカげたことだろう。この区分の意味するところは、1番目の数学的／先験的タイプの確率事象はビジネスでは事実上皆無で、2番目のは非常によくある、ということだ。ビジネス上の「危険（hazard）」の中で、起こりうる事象の発生分布が前もって計算可能なものを挙げるのは難しい」（筆者の意訳）

経営判断はサイコロ投げゲームのようにはいかないので、「広義のリスク」を計算で数値化することはできない、しかし、残念ながら経営者が意思決定を求められる場面のほとんどはサイコロ投げゲームではない状況においてだ、とナイト先生も言っている。

「事業やプロジェクトの β は『経験と勘』で決めるしかない」というオチはビジネススクールでファイナンスの標準的教科書とされている、リチャード・ブリーリーほか『コーポレート・ファイナンス』の最後、「ファイナンスにおける10の未解決問題」の章に書いてある。ここにはファイナンスが実りある研究を続けるべき10の未解決問題が紹介してあり、
　　「2　リスクとリターン：見逃しているものは何か」
　　「7　企業が負うべきリスクは何か」
といった、リスクにまつわる興味深い課題が掲げられている。そしてそのリストの先頭を飾っているのは、
　　「1　プロジェクトのリスクと現在価値を決めるものは何か」
という問いかけであり、議論の最後はこう締めくくられている。

　　「9.3では、プロジェクトのベータの違いを説明する2〜3の理由を挙げた。たとえば、営業レバレッジの違いやプロジェクトのキャッシュフローが経済全体のパフォーマンスに反応する程度の違いなどである。これらは有用な手がかりではあるが、**プロジェクト**

のベータを推定する一般的な方法論が得られているわけではない。このため、プロジェクト・リスクの評価は依然として経験や勘による部分が大きい」（太字は筆者）

　私自身、ごく最近になって最新版を改めて読み直し、昔に読んだ第2版には書いていなかったこの一節に遭遇し、「大先生の見解もやっぱりそうなんだ」と安堵している次第である。

Valuation 第**8**章

経営支配権を
売り買いするM&Aの世界

1 ∴ M&AはDCF方式で、の理由

1.1 ◆ デュー・ディリジェンスの将来計画で買収価格が決まる

　会社の将来の命運がかかったM&Aの価格算定においても倍率「C/$(r-g)$」というざっくりした指標で値決めして構わない、という結論は以下の2つの点を除いて正しい。その2つとは、

①過去から足元の収益状況、バランスシートの実態状況が正確に把握できている→Cの問題
②自社が買収した後どのようにその会社・事業を経営してゆくつもりなのかの具体的な絵が描けている→gの問題

デュー・ディリジェンスの重要性

　①はいわゆる**デュー・ディリジェンス**（due diligence、略してDD）の問題、財務、法務、税務、労働、知財、環境、技術、人事、年金など、それぞれ内部・外部の専門家を動員して行う作業である。それらはM&Aの価格交渉における重要パーツであり、ときにはその問題1つで買収取引自体が白紙撤回になることもあるが、参考書も豊富で専門家が

156

図表8-1 シンプル公式のM&Aへの展開

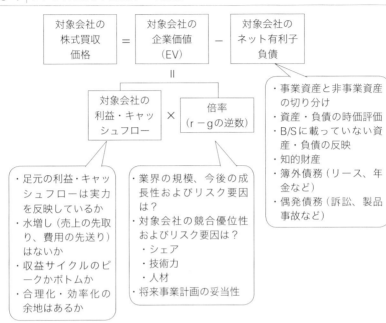

いる世界なので本書では立ち入らない。

経営者として理解しておくべきは、それら専門家の調査レポートが買収にどう影響するのかの視点を見失わないこと、すなわち、「発見された課題は買収価格の調整で解決できるものなのか、買収契約書でリスク負担につき合意すればよいのか、それとも、案件そのものを見送るべきか、を判断するための要素を取り揃えるのがDD作業の目的である」ということだ。

シンプルな買収価格算定の意味では、それらの作業結果は、第Ⅰ部で説明した以下の2つの公式に取り込まれていく（図表8-1）。

企業価値＝足元の利益・キャッシュフロー×倍率
株主価値＝企業価値－ネット有利子負債

倍率を掛ける対象となる、足元の利益・キャッシュフローに、水増しやコスト先送りや会計処理変更などの一時的要因が紛れ込んでいては、「正確な」バリュエーションはできない。発射台としてのベース収益力を正確に把握できていなければ、それ以外をいかに精緻に計算しても、その結果は虚しいものにしかならない。

　2015年に発覚した東芝の「不適切会計」が大きな問題になっている理由は、ひとえにこの発射台の重要性の話だと理解すればよい。

　M&Aにおける株式買収金額は、企業価値から引き継ぐ負債の金額を差し引いたもの（余剰の非事業資産があれば加えたもの）になる。

　引き継ぐ負債は、これまで財務諸表にすべて載っているという前提で話してきたが、実際にはそうではない。バランスシートに載っていない負債としては、

・オフ・バランスシートな項目……リースや保証債務、年金・退職金の積立不足分など
・偶発的債務……リコール問題、訴訟、為替や原油の先物予約・デリバティブ契約から発生する損失など

があり、これらの時限爆弾や不発弾を買収前に発見して処理しておかなければ、後になってそれらが暴発して、買収の意図を台なしにしてしまいかねない。

将来計画の重要性

　②の買収後事業計画がしっかり描けているか？　これは将来キャッシュフローの不確実性要素も織り込んだ成長性（g）の問題だといえる。そして、その部分は外部の専門家には頼り切れない。買収者自身が調査し、分析し、コミットしなければならない領域だ。

　gの不確実性を数値化して価格算定に反映することを専門家たるアドバイザーに期待し、そのために高い手数料を払っていると経営者は言いたくなるだろうが、彼らへの過度な依存は禁物だ。

アドバイザーやコンサルタントは、将来見通し作りのフォーマットや枠組み・考え方を提供したり、必要情報を集める手伝いはできるだろう。精緻なモデルを作成し、シナリオ分析やシミュレーションを行うこともできるだろう。依頼されれば、マクロ経済や業界全体の動向を調査したうえで将来の事業計画作りを実質的に担うかもしれない。

しかし彼らは、その計画を実行し結果を出す責任を負う立場にはない。アドバイザーの作成した収支見通しに基づいて企業買収の価格算定を行い、買収後にその計画どおりに事業運営がされず後年に多大な減損処理を強いられることになったとしても、アドバイザーに損害賠償責任を問えるケースはほとんどない。

買収の意思決定をした経営者や取締役会は専門家任せ、アドバイザーは案件が完了すればお役御免、買収後の経営を任された会社スタッフは、そもそもその事業計画・収支見通し作りに参画していない……。これでは当事者意識とコミットメントの所在が中途半端にならざるをえず、こういうM&Aが「高すぎた買収」として失敗に終わる1つの典型パターンとなる。

買収失敗の「リスク」は、将来見通しのボラティリティ、すなわち、rの問題であるとともに不確実性という意味合い、つまり成長性＝gの問題でもある。

M&Aにおける価格算定においてDCF方式が重用されている実務の現実があるが、その理由は決してDCF方式が他の方式に比べて緻密で正確な算定方法だからではなく、「あなたが買収したらどんな素敵な会社に変貌させられるのか」を具体的に描いて企業価値に反映するツールとして便利だからだ、と私は考えている。

1.2 ◆ DCF方式を使う際のよくある質問

DCF方式で企業価値算定をするにあたり、割引率の問題の他によく耳にする質問は、以下の3つだ。

- ・収支見通し期間は何年とすべきか？
- ・結局はターミナルバリュー（継続事業価値）でほとんど決まって
  しまうがそれでよいのか？
- ・支配権プレミアムはどれぐらいが妥当なのか？

　これらはすべて g をどう定めるべきかの問題にかかわっている。支配権プレミアムについては次節に譲り、前の2点についてそれぞれ検討しよう。

収支見通し期間は何年とすべき？

　答えは「投資案件のタイプによる」だ。そしてM&Aにおいては、「当初の買収目的が達成された状態に経営が安定するまで」で5年が妥当なところ、が私のお薦めだ。その理由は、典型的な企業買収は当初1〜2年はゴタゴタし、3年目ぐらいからようやく社内が落ち着いて「統合効果」や「シナジー」なるものが表れ始め、5年目ぐらいでその効果が売上や利益・キャッシュフローの数字として表れ、そしてそこから先は事業は安定飛行に入る、というパターンを辿ると想定されるからだ。

　だとしたら、安定状態に入るまでを見通し期間と置くのが妥当だろう。そんなに悠長にやっていてはダメなので、3年以内で統合効果を実現できるというのであれば、収支見通し期間は3年で構わない。逆に5年経ってもまだ安定しない・統合効果が出ない、という見通しであれば、むしろ買収計画そのものを検討し直したほうがよいかもしれない。

　適切な収支見通し期間を決める際には、さらに以下の考慮が必要だ。

　5年が妥当だとお薦めしたのは、違う体制で経営されてきた会社を買収して新たな経営陣の下で再編するようなケースを想定している。今の経営陣がそのまま経営を続ける純投型の買収や資本参加であれば、現状の中長期計画を使えばよいし、企業価値算定にDCF方式を使うまでもなく、倍率方式で十分かもしれない（ただ、このようなM&Aには「なぜ買うの？」と突っ込みを入れたくなるが）。

　天然資源の鉱区買収のような話であれば、おそらくその鉱区の資源を

| 図表8-2 | 成長率一定の場合のDCF計算 |

		1年目	2年目	3年目	4年目	5年目	現在価値合計	
フリーキャッシュフロー(C)		100	103	106	109	113		毎年(1+0.03)倍に増加
ディスカウントファクター(D)		0.93	0.86	0.79	0.74	0.68		毎年1/(1+0.08)倍で小さくなる
ターミナルバリュー(TV)						2,319	1,578	5年目の値を1/(1+0.08)⁵で現在価値に
現在価値(C×D)		93	88	84	80	77	422	
							2,000	
成長率	3.0%							
割引率	8.0%							

(6年目以降のキャッシュフローをC/(r−g)で5年目の現在価値に)

掘り尽くしてしまうまでを見通し期間とすべきだろうし、更地にショッピングセンターを作るような投資案件ならば、そのショッピングセンターのライフサイクル、すなわち、大規模な改装投資が必要になる時期まで、を収支見通し期間とおくべきだろう。

そして、この収支見通し期間の妥当性は、次のターミナルバリュー算定の話と密接につながっている。

結局はターミナルバリュー(継続事業価値、TV)でほとんど決まってしまうが、それでよいのか?

現状100のフリーキャッシュフローを生み出している会社が年率3%で成長し、その割引率(=資本コスト、WACC)が8%だとすると、そのDCF方式での企業価値算定は、図表8-2のとおりとなる。

TVは、6年目以降のキャッシュフローを5年目における現在価値として、C/(r−g)で算定し、さらにそれを現在(0年目)まで8%の割引率で割り戻す。

この会社の企業価値は、5年目までの各年度のフリーキャッシュフローの現在価値とTVの現在価値の合計額で、2000ピッタリになる。それは当然、成長率も割引率も一定不変であれば、わざわざエクセルを使って作表するまでもなく、

図表8-3 「リアル」な将来見通しに基づくDCF計算

		1年目	2年目	3年目	4年目	5年目	現在価値合計	
フリーキャッシュフロー(C)		80	100	110	130	150		買収後のリアルな見通し
ディスカウントファクター(D)		0.93	0.86	0.79	0.74	0.68		
ターミナルバリュー(TV)						3,090	2,103	
現在価値(C×D)		74	86	87	96	102	445	
							2,548	
割引率	8.0%							

5年目の経営統合効果がTVに反映

$$PV = \frac{C}{(r-g)} = \frac{100}{(0.08-0.03)} = \frac{100}{0.05} = 2000$$

と暗算できることはすでに述べた。

そして、この表から明らかなとおり、5年目までのキャッシュフローの現在価値はたいした金額にならず、企業価値の8割がTVによって決まっている。その決め方はgを3%にするか1.5%にするかで1538～2000と大きくぶれてしまう。そんな大ざっぱな計算でよいのだろうか？

それでいいのだ。まず、現在から未来永劫にわたり3%成長し続けるという「大ざっぱな」前提でDCF方式の計算をする限り、収支見通し期間を何年にとろうが、答えは変わらない。見通し期間を10年に伸ばせば、TVの占める比率は下がるが、5年目以降の収支見通しを大ざっぱに置かざるをえないので結論は同じだ。

これを、買収した後の1～2年はゴタゴタし、その後に統合効果が表れて5年目に当初買収目的が達成される「リアル」な買収計画のフリーキャッシュフロー見通しに置き換えたとする（図表8-3）。同じ8%の割引率を使ったDCF方式の算定企業価値は、548増えて2548となる。

この場合も、収支見通し期間中のキャッシュフローの現在価値はそれほど変わらず、TVがより大きくなっただけ。その理由は5年目のフリーキャッシュフローがより大きくなったから、にすぎない。

しかし、私はそれでよいと考えている。M&Aにおいて究極的に問われるのは、「あなたが買収して経営してシナジーなどの統合効果を発揮すれば、5年後にはどんな素晴らしい会社に生まれ変わらせることができるか」であり、それこそがM&Aが企業価値創造の有効な手段たりうるゆえんだ。

　買収後のあるべき姿を5年目に達成すべく、1年目から5年目までにどういう施策を講じていくのかの具体的な絵が描けているか。これこそがM&A成功のカギである。そして、5年目において素晴らしい会社に生まれ変わる分、TVが企業価値の増加として表現される、それで問題はない。

　では、TVはC/（r－g）で教科書どおりに算定すべきなのだろうか？そこには検討と工夫が必要だ。

　PEファンドは、買収後5年程度かけて事業をより良い姿に持って行ったところで、株式上場（IPO）や事業売却でエグジットする。よって、TVの算定はIPOや事業売却の際に上場株式市場あるいは潜在的買い手がいくらと評価するか、を見積もる作業となる。

　それは5年後に作り上げる自社の将来像と似ている上場会社を見つけて、その会社の現時点での市場価格（時価総額やEV）をEBITDA倍率等の指標でつかまえ、その倍率を5年後の自社のEBITDAに当てはめればよい。つまり、ファンドが買収する前とエグジットする頃の「ビフォー＆アフター」の差がいかに大きくなるかが、PEファンドにとっての買収の成功と失敗の評価尺度となる。

　その発想は事業会社でも基本的に同じはずだ。5年でさっさと売却する気はなく、上場も前提としないとしても、TVを「もし売るとしたらいくらで売れるか」に基づいて算定する方法は、永久成長率gをどう置くべきか、という雲をつかむような根拠づけで算定するよりは、説得力・説明力があるだろう。

　ちなみに、このケースの5年目のEBITDAが400だとして、5年目の姿によく似た今の同業上場会社が倍率7倍で市場評価されているとする

| 図表8-4 | ターミナルバリューを倍率算定した場合のDCF計算 |

		1年目	2年目	3年目	4年目	5年目	現在価値合計	
フリーキャッシュフロー(C)		80	100	110	130	150		TVを5年目の EBITDA倍率で 計算
ディスカウントファクター(D)		0.93	0.86	0.79	0.74	0.68		
ターミナルバリュー(TV)						2,800	1,906	
現在価値(C×D)		74	86	87	96	102	445	
							2,350	
割引率	8.0%					EBITDA	400	EBITDA倍率で算定
						倍率	7	したTVと一致する
				TVとCから逆算したr－g		5.52%		r－gを6年目のCから
						逆算 g	2.48%	逆算で求めて妥当性 を検証

と、ターミナルバリューは2800、算定企業価値は2350と若干低くなる。C/(r－g)の公式にこれを入れ直してgを逆算すると2.48％、EBITDA倍率7倍という評価は、フリーキャッシュフローが6年目以降2.5％程度で永久に成長し続ける前提と同じ、と検証できる（図表8-4）。

TV算定にC/(r－g)の公式を使うにせよ、こういう形でgの説明根拠づけ、リアリティチェックをする習慣づけは実務の基本動作として重要だ。TVの算定も「現状の市場投資家の声」を反映していれば、より説得力を増すだろう。

TVの算定の仕方は、その時点で現実的に想定されるエグジットの選択肢と結びつけて考えるべきであり、教科書のやり方をいつも同じように機械的に使うと、大きな間違いを犯しやすい。

買収した天然資源鉱区が20年で掘り尽くされてしまうのであれば、20年後のTVは閉山にあたっての処理コストで、マイナス値となるだろう。工場やショッピングモールを新たに作る投資で設備耐用年数が1サイクル7年であれば、そこで更地にして土地を原状回復して返す想定でスクラップバリューを計算したほうが現実的かもしれない。

合弁会社設立に少数株主として参加した場合、その合弁会社が5年後に上場会社になる見通しであれば、IPOで想定される株式時価総額を使えばよいが、そのまま投資が塩漬けになってしまうなら、経営権も配当決定権もないその投資持分は、誰かに転売しようにも売りにくいものに

なる。そのような流動性の低い投資案件の場合は、TVを保守的に純資産価値程度で評価しておいた方が保守的かつ現実的だろう。

「買収することで対象会社の未来図をいかに書き換えられるか」

この考え方は、次の支配権プレミアムとシナジーの話にかかわってくる。将来の会社の運命を自分で決められるという意味で「経営支配権」を取るM&A投資においては、その価格にプレミアムを上乗せすべし、という「常識」がある。これについて次節でじっくり検討を加える。

2：シナジーと支配権プレミアム

世の中で「良い」といわれるM&Aは、買収の結果、対象会社の企業価値が上がり、新たな企業価値が創造されるM&Aであるという点に異論はないだろう。こうしたM&Aを実現するためには、戦略的な意図やフィットが明確であることが必要で、それは多くの場合、「シナジーがある」と表現される。

シナジーは「相乗効果」と訳されることが多いが、要するに「合体することによって生産性・効率性が上がる」ということだ。前節ではDCF方式で買収価格算定するにあたって重要なのは、買収目的が達成された状態までの絵姿を3〜5年の計画として描くことだと述べたが、それはシナジーなるものを将来キャッシュフローの見通し数字として表現する作業、「シナジーの定量化」作業にほかならない。

2.1 ◆ シナジーの再定義

シナジーという言葉は便利なので、多くの人がかなり幅広い意味で使う傾向がある。ここではまず企業価値創造につながる要素としてシナジーをどう捉えるか、から始める。

グローバル共通言語としてのシナジーの最も明確な定義はおそらく、

$$1 + 1 = 2 + \alpha$$

だろう。1足す1が2より大きくなる、そのプラスアルファの部分をシナジーと呼ぶのだ。

「業界3位のわが社と5位の某社が統合することにより、業界ナンバーワンのシェアを握れる。これが統合のシナジーだ」

これは上記の定義からすると1足す1が2になることを説明しているにすぎず、シナジーではない。業界ナンバーワンになることによって、どこからどういう形でプラスアルファが生まれるのかを説明しなければならない。

ところで、1とか2とかは何の話をしているか？ それは企業価値の話であるはずだ。2社が統合することによって、プラスアルファの企業価値が新たに創造される、これがめざすべきM&Aの姿である。

では、企業価値のプラスアルファを金額として捉えるにはどうすればよいか？ すべては投資価値算定の原点に戻る。ここで示すべきは「統合により生み出されるプラスアルファの将来キャッシュフロー」となる。買収後の5年計画の中に、具体的にリアルにシナジー効果を織り込む作業をDCFフォーマットで行えばよい。その結果として計算されるプラスアルファのフリーキャッシュフローの現在価値が、**定量化されたシナジー**である。

シナジーを定量化して捉える作業は、特に大きなM&A案件で重要だ。買収資金の出し手である株主投資家や、親会社の財務・経営企画担当を説得するためには、投資リターンがきちんと上がることを数字で説明しなければならないからだ。

2.2◆水平統合のシナジー

先の同業3位と5位の統合、これは「水平統合」という類型のM&Aだが、どこからどうやって定量化可能な将来キャッシュフローが生み出されるのかを考えてみよう。

水平統合M&Aにおけるシナジーの説明に使われる2大横綱キーワードは、

　　A　市場シェアの拡大
　　B　規模の利益（エコノミー・オブ・スケール）

であろう。Aは売上が増えるという効果で「トップラインシナジー」と呼ばれ、Bはコスト合理化につながる要素なので「コストシナジー」と呼ばれる。

　さて、まずAのトップラインシナジーだが、一緒になると業界シェア1位になれる、では足りない。1位になることによってどうして、どこから、プラスアルファの売上が生まれるのか、が問われているのだ。ブランド力の向上、プライスリーダーシップによる価格コントロール力、といった要素は出てくるが、実際それがどれだけの売上増加につながるのかを定量的に説得力ある形で展開するのは意外に難しい。それができることを強調すればするほど、独占禁止法に抵触する話になってしまう。

　「水平統合のシナジー効果の大半は、コストサイドから生まれる。そして、それは合理化・リストラを伴って初めて定量化可能なシナジーとなる」

　これが実は、水平統合の悲しい現実だ。

　規模の利益は、大きくなることで固定費比率が下がることによってもたらされる。つまり、同じような事業を行っている2社が統合することにより、

　　・重複した販売店網を一本化できる
　　・設備の統廃合を進められる
　　・本社機能が1つになり、IT投資などが節約できる

といった効果が期待できることを指す。さらに、

・大量購買により価格交渉力がつき、「バイイングパワー」が増す

と変動費にその効果が表れる場合もある。

　これらは確かに定量化可能なシナジーだが、重複機能の一本化により人員削減できる、取引先に無理をきかせられる（その取引先において合理化を強要する）という作業を伴って初めてコストは減らせるのだ。

　その意味で水平統合におけるシナジーの実現は、きれいごとでは済まないことが多い。血も涙もないリストラを断行する覚悟がなければ、ただ「図体はデカくなったが、生産性も効率性もむしろ下がった」統合に陥る厳しい世界であることをしっかり認識しなければならない。

　1990年代後半以降、グローバル競争が激しくコスト競争力が問われる鉄鋼、自動車、半導体、液晶ディスプレイなどの業界で多くの水平統合的な業界再編が起こってきたが、統合効果を発揮してグローバル競争力を高めた会社は、JFEスチール、ルノー・日産、ルネサスエレクトロニクスなど、みな厳しい合理化努力を行っている。

　このように書くと、M&Aは要するにコストカット活動、工場や部署の閉鎖による従業員や地域経済の犠牲の下に株主投資家が儲ける話だ、と受け取られるだろう。その側面は否定できない。

　しかし、これはグローバル競争を勝ち抜くために避けて通れない、生き残りを賭けた究極の選択なのだ。そして、それを単なる足し算やコストカットの引き算だけではなく、より前向きなプラスアルファを生み出すよう再編していく、これが経営者が追求しなければならない企業価値創造の形なのである。

2.3◆相互補完シナジー

　より前向きなシナジーを表現するキーワードの代表格は、「相互補完」だろう。異なる2社がそれぞれの強みと弱みを相互補完して、より強い会社になるというストーリーであり、この形を持っているM&Aは、私

の知る限り成功している事例が多い。

　水平統合といっても、全く同じ製品・サービスを全く同じ地域・チャネルで展開している2社の統合ではなく、それぞれの得意・不得意分野があるはずだ。そこに相互補完の力で新たな売上、キャッシュフローを生み出していく絵が描けることが多い。これをわかりやすくイメージにしたものが**図表8-5**だ。

　A社とB社が統合すれば、より大きな面積の四角形が生み出せる。1＋1が2より大きくなる姿が一目瞭然であり、それを定量化するには、CとDの領域の長方形の面積を求めればよいだけだ。

　そして、その新たな領域はA社の顧客層とB社の製品・サービス、あるいはその逆、という「相互補完」がもたらしている。A社とB社には重複する部分もあるので、そこは一本化して合理化が必要だが、その人材をCやDの領域に配置転換できれば、みんなにとってウィン・ウィンなM&Aの絵姿を描くことが可能だ。

　このイメージ図は、タテ・ヨコ軸の取り方を変えてさまざまに応用できる。横軸に地域や事業部をとったり、横軸に研究開発から販売チャネルまでのバリューチェーンをとったりして、さまざまなマトリックス図を作ることができる。

　そこに自社の強い部分と弱い部分を表現すると、まだら模様になることもあるだろうし、タテ・ヨコに高さも加えた3次元構造にしなければ、うまく表現しきれなくなるかもしれない。自社の空白部分や手薄な領域に強みを持つ相手を見つけ出すうえでも、買収候補先のどの部分をDDでしっかり見極めなければならないかも、買収後の組織体制の作り方も、このイメージ図をきっかけにしてより明確に共有できるだろう。

　そして、それらを取りまとめて買収後の5年計画として数字に落とし、フリーキャッシュフローの増加部分をプラスアルファとして捉えれば、「シナジーの定量化」は説得力ある形で完結できる。

図表8-5　「相互補完シナジー」のイメージ

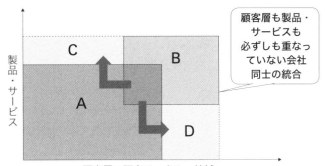

2.4 ◆ 支配権プレミアムの根拠

　戦略的M&Aは新たな企業価値を生み出す。それゆえに買い手はプレミアム付の価格を提示するのが通常だ、とされる。そして、そのプレミアムはしばしば「支配権プレミアム」や「コントロールプレミアム」と呼ばれ、20～30％ぐらい上乗せするものだ、とまことしやかに言われている。

　しかし、なぜそれを払う必要があるのか？　よく考えてみれば、おかしな話だと感じるのは私だけではないだろう。

　上記のシナジーの話からわかることは、企業価値は誰が経営するかによって異なるということだ。端的に言うと、企業価値には「現状の経営陣がそのまま経営した場合」と「買収者が有する経営資源を統合して経営した場合」の2つが存在する。そして後者の価値のほうが高いからこそM&Aが起こる。

　ここで買収者は「自分が経営すれば」のDCF算定価格を売り手に支払うべきだろうか？　それでは明らかに高い値段を払いすぎることになるだろう。より高い企業価値は、経営人材やシナジー創出のための自社からの経営資源の持ち出し、嫌われ者になる覚悟で行うコスト合理化、など買い手側の努力によってもたらされる。

会社の売り手は、その会社の株主であって従業員ではない。買収後にさまざまな苦難や新たな適応を求められる従業員が、その「プレミアム」の受取り手になるべきだ、という議論は大いに結構だが、会社を売って「あとは頑張ってください」と立ち去る株主にそのプレミアムを受け取る権利がある、という主張は理解に苦しむ。

　しかし、現実世界では上場会社にTOBをかけて買収する際には、直近の平均株価に20〜30％プレミアムをつけた価格が提示されるのが通常だ。その結果、「高すぎる」買収事例を生み出してしまうのも、おそらく事実だろう。

　「支配権プレミアムとしていくら払うべきか」という問いに対する正解は、

　「あなたが買収して経営したとき、どんな素晴らしい会社にできるか次第です」

　これが私の答えだ。支配権プレミアムの根拠は、買収者が自分の好きなように経営する「自由」を手に入れるための代償であり、わかりやすく表現すれば、それは現株主への「立ち退き料」だ。

　「1＋1＝2＋α」というプラスサムな取引は経済社会全体にとって良いことであり、それは実行されるに越したことはない。しかし、その実現には経営の自由を手に入れなければならないので、現株主に上乗せ価格を支払って立ち退いていただく必要がある。これが私の理解する支配権プレミアムの実体だ。自分が支配権を手に入れたところで企業価値向上を実現する絵姿が描けていない会社は、他社をM&Aしてもあまり意味はないし、そこにプレミアムを支払うことは、買収対象会社の売り手株主に棚ぼた利益をもたらすだけだろう。

　実際のM&Aの価格は、売り手と買い手の交渉によって決まるもので、公平中立な外部専門家が決めるものではない。最終的な価格はシナジーを含めた買収者のめざす企業価値を上限に、現経営陣が今のまま経営を続けた場合にもたらされる企業価値を下限に、その間のどこかに着地する。

　買収者が「ライバルにとられたら致命的だ」とか「わが社の将来の命

運がかかっている」と考えればより上限に近づくし、売り手株主が「資金繰り難に陥る前に売り抜けたい」と考えれば下限に近づく。これはポーカーゲームのようなもので、売り手と買い手のそれぞれがどんな他の選択肢を手札に持っているか、時間をかけて交渉することがどちらによりダメージが大きいか、ライバルはどう動いているか、などの状況次第でプレミアムの幅が決まってくる。それは計算によって理論的に決められるものでもなければ、他社の事例を参考に決めるべきものでもない。

3：買収ストラクチャーと買収価格の関係

買収ストラクチャーの検討というと、中間にいくつものペーパーカンパニーを作って節税効果を高める話だったり、議決権比率を調整する連結会計対策の話だったり、メザニン・ファイナンスとして劣後転換社債と優先株を使って資金調達を行う、といった内容を思い浮かべる人が多いだろう。

しかし、ここで取り上げるのはそのような専門的なトピックではない。買収価格の計算に大きな影響を及ぼす

　　・買収対価の払い方
　　・資金調達（レバレッジ）

の2点についての基本的な枠組みを説明する。

3.1◆買収対価の払い方

シナジーと支配権プレミアムについての考察からわかるとおり、M&Aの買い手側は、「シナジーを生むための経営資源投入と努力とリスクテイクは買い手側株主が行うのだから、株式を売却してその後のリ

スクには関与しない売り手株主にプレミアムを支払う理由はない」と言うだろう。

売り手株主は、「バラ色の将来のアップサイドを享受できずに立ち退かされるのだから、しかるべきプレミアムを受け取るのが当然」と考えるので、買収価格の落としどころを見つけ出すのは難しくなる。

その妥協点を見出すための1つの有力な方法は、「将来のリスクとその見返りの高いリターンを売り手とシェアする」というやり方だ。そしてそれは、買収の対価として現金を支払うのではなく買収統合後の新会社が発行する株式を交付する、という形で実現できる。

米国などでは、大きな金額の買収案件において「株主には40ドルのキャッシュと10ドル相当の優先株を支払う」といった具合に現金と株式のミックスで買収提案がなされることが多い。日本では、売り手側株主が中途半端なかかわりが続くのを嫌がるためか、あるいは税務上のメリットがないためか、はたまた買収資金を全額現金で用意できる財務体力や借入余力があり、銀行も積極的に買収資金融資に応じてくれるためか、あまりこういう複雑な提案は見かけない。

しかし、日本でも買収対価を株式で支払う方法は、よく使われている。それは「株式交換」「吸収合併」「株式移転」などの名称で呼ばれている買収スキームだ。

買収対価を株式で支払う「株式交換」

株式時価総額1000億円のA社が、適正株主価値250億円の同業B社を買収するとしよう。両社の発行済み株式総数がそれぞれ1億株と2500万株だとすると、1株の価格はどちらも1000円だ。そこでA社はB社株主に対して、

「B社1株をA社1株と交換する」

「A社とB社は株式交換比率1：1で合併する。存続会社はA社とする」
という提案ができる。これが株式交換や吸収合併スキームによる買収だ。いずれの方法でもA社の20％（250/（1000＋250））が旧B社株主の持分比率となる。

もしB社がA社の軍門に降る印象を与えないよう、対等の精神を強調したいのであれば、「A社とB社は合併してAB社という新会社を設立する。A社株主とB社株主はどちらも1株につき新AB社株式1株を受け取る」とすれば、AB社の持ち株比率はA社株主80％、B社株主20％で、先の吸収合併や株式交換買収と結果は同じになる。

　株式交換スキームのわかりやすいメリットとして、

　　①買収者は現金を用意する必要がない（借金が増えて財務体質が悪化するのを防げる）
　　②（税務適格要件を満たせば）売り手株主がキャピタルゲイン課税を免れられる

といったポイントが通常挙げられるが、この買収形態の特徴として、**買収価格算定を曖昧にして、支配権プレミアムの議論を回避できる**という点も見逃せない。

　B社の適正価格が250億円なのか、それより高いのか低いのか、支配権プレミアムとして何％上乗せすべきなのか、は売り手と買い手それぞれの思惑があるので、一義的に決めにくいかもしれない。

　しかし、「1：1の株式交換によって、A社の20％の出資持分をB社株主が持つことになる」という決め方は、A、B両社株主の納得を得られやすい。B社株主は追い出されるわけではなく、A社の株主として持分を得るのだから、プレミアムという「立ち退き料」を要求する筋合いもない。

　もちろん、B社株主の中に創業一家のような支配株主がいる場合、その支配権は20％以下の少数株主に転落してしまうので、そこに支配権プレミアムを主張する根拠はあるだろう。しかし、それは統合後の会社へのシナジー貢献の度合い、そして統合会社の役員・経営陣体制や報酬の問題として議論すべきことであり、支配株主が少数株主になるからといって、自動的にプレミアム価格を享受する権利があるという話ではない。

吸収合併されるＢ社が非上場会社の場合、交換比率決定のためにＢ社の株主価値を倍率方式やDCF方式で算定する必要がある。この作業も、もしＡ社とＢ社が同業であるならば、適用すべき倍率やDCF計算の際の割引率などのベースを共有しやすいだろう。

　また、この取引はＢ社株主にとっては、これまで非上場で流動性のなかった株式が上場Ａ社の株主になり流動性がつく、つまり、自由に売却したり買い増したりできるようになる、というメリットも生み出す。破談となってしまったキリンとサントリーの統合話において、非上場会社であるサントリーの株式が上場株式となって市場で少しずつ売却できるようになることは、一部株主にとって魅力的だったはずだ。

　株式交換により流動性が付与される、あるいはより流動性が増す、という効果は、売り手株主が多数いる場合に交渉をスムーズに着地させるのに役立つ。売り手株主は、統合後の会社の将来に期待してそのまま株式を持ち続けることができるし、（税務上の適格合併であれば）交換された株式を売却するまでキャピタルゲイン課税を先延ばしすることができる。もし統合が気に入らなければ、受け取った株式を市場売却して現金化すればよく、シナジー効果期待を織り込んで株価が上がる統合話のおかげで、高い価格で売れる可能性は高まるだろう。株式交換は、このように多様な株主に選択の自由を与える効果を持っている。

よくわからない会社買収には「アーンアウト」

　これまでの買収価格算定の議論はすべて、買い手側が主導権を握って経営を自由に行うことにより、シナジーが生み出せることを前提に進めてきた。

　しかし、実際には買い手側がすぐにそのような経営主導権を取れない／取るべきでないケースも多くある。勝手のわからない海外のオーナー系会社の買収がその典型だ。

　M&A成功の秘訣は、「あなたが買って経営すれば、3年後5年後にどんな素晴らしい会社に生まれ変わらせることができるか」にあると述べたが、このケースではそれはできない。その国の市場も対象会社をどう

すべきかも、買収の時点では買い手にはよくわからないのだ。

このような案件では通常、当該国や業界をよく知るコンサルティング会社などを起用して対応するが、それでリスクをすべてカバーできるわけではない。売り手経営陣が出してくる将来見通しが楽観的すぎると感じても、少なくとも当面は現経営陣に引き続き経営を任せる方針なので、それを下方修正させるのは、インセンティブ付けの方向性としておかしなことになる。

しかし、「売り手株主が同時に経営陣でもある」というオーナー型会社の買収価格は、むしろ合意点を見出しやすい場合もある。売り手は株主としては、できるだけバラ色の将来を描いて高い値段で売りたいが、売却後もそのまま経営陣として残るということは、そのバラ色の将来を実現する責任を負うことになるので、おのずと抑制が効くようになる。そして、その抑制効果を形にする方法が**アーンアウト**（earn-out）と呼ばれる買収スキームだ。

アーンアウトとは、要するに「買収代金の出来高払い」、買収価格を買収後の会社収益にリンクさせる方法である。具体的な取り決め方は、たとえば、「買収金額の80％は完了直後に支払う。残りの20％は買収後の会社の利益が経営陣の提示した見通し額を下回った場合には支払わない」のような形だ。

売り手側が強気な収支見通しを出して高い買収金額を勝ち取ろうと譲らない場合に、「そこまでその見通しの実現に自信がおありなら」と逆手にとる交渉方法である。これは売り主が当面、引き続き経営の中心に居続ける海外の一族経営会社や、創業ベンチャーの場合に有効だろう。

売却側株主は事業売却によって大金持ちになるので、どうしても買収後の経営への緊張感が薄れ、モチベーションが下がるものだ。それを防いで経営への高いコミットメントを持ち続けてもらうために、アーンアウトは正しい方向のインセンティブ付けになるし、経営陣が大風呂敷を広げるのを抑制し、地に足が着いた将来見通し・計画づくりを買い手と共有する効果もある。

良いことづくめのように聞こえるアーンアウトのスキームだが、もち

ろん短所がある。それは、「アーンアウトとシナジーは矛盾しがち」ということだ。買収後の業績と買収価格をリンクさせるという発想は、買収後も売り手に経営の主導権を持たせ続けるという前提でなければ成り立たない。

売り手経営陣は、「自分のやりたいようにやれば計画を達成できたのに、親会社がごちゃごちゃ余計な口出しをして、手足を縛られたので達成できなくなった」と言い訳をするだろう。

逆に買い手にとっても、「この業績達成はわれわれが新しい顧客を紹介し、製造コスト低減のノウハウを提供したからであり、その成果が売り主のボーナスになって、彼らだけが大金持ちになるのはおかしい」と言いたくなるだろう。

つまり、アーンアウトのスキームは「両社の強みのブレンドによるさらなる企業価値向上というストーリーはひとまず横において、買収後の会社を今までどおりに見通しどおりに経営してね」という状況でなければ、うまく機能しない。

さらに、アーンアウトの設計も気をつけなければ、おかしなインセンティブ付けに寄与してしまう問題もある。何年目かの財務上のいずれかの数字をもってアーンアウトの支払条件をクリアしたかを判定するのだが、それを「フリーキャッシュフロー」にすれば、経営陣は長い将来に向けての投資を圧縮したくなるだろうし、「利益」にすれば会計処理方法をあれこれ変えたり、費用の先送りや売上の前倒し計上の動機づけを作ってしまう。

「正しい数字はどれか」をめぐって両社の不毛な交渉が買収後まで毎年決算が終わる度に続くとしたら、買収後の会社経営として健全とはいえない。というわけで、アーンアウト手法は、

- 売り手株主と経営陣が一体である
- その売り主経営陣に当面経営を任せてあまり口出しすべきでない
- 買い手側がシナジーを生かす統合経営の絵姿を描くのに時間を要する

・買い手と売り手の間に信頼関係がある

などの条件が揃う場合に、経営支配権の移動を段階的にスムーズに行う
ためのせいぜい3年ぐらいの経過措置という位置づけで使うべき、が私
のお薦めだ。

そしてお気づきのとおり、アーンアウトは、売り主が株式を当初3分
の1、3年後に過半数、そして5年後に100%、と段階的に売っていくス
キームや、合弁会社などで3年後に相手持分の買取りオプション・強制
売りつけオプションを付けるようなスキームや、ベンチャー企業で創業
株主がIPO後に段階的に自分の持ち株を売却して最終的に不特定の一
般投資家株主が大多数を占める上場会社に脱皮していくシナリオ、と発
想は共通している。

3.2 ✦ 資金調達・回収と買収価格

企業価値とは、のれん代を含めたB/S左側の価値であり、将来キャッ
シュフローを現在価値に割り引く際の割引率は、その対象事業のリスク
を勘案して算出すべし、というこれまでの話からすると、資金調達をど
のように行うかは買収価格算定に影響しないはずだ。

しかし、実際にはどのように資金調達するかが買収価格に影響を及ぼ
し、また、買収後何年で売却（エグジット）するかも買収価格に影響す
る。それは「適正な投資リターンが得られる価格」という基準でM&A
の意思決定を行う場合に顕著に表れる。

そのスタイルで投資判断を行うPEファンドの発想をもとに、レバ
レッジと投資回収スピードの2つが買収価格に影響を与える姿について
検討しよう。

内部収益率(IRR) という判断基準

ファンドとは投資家から資金を集めて運用し、彼らに高い投資リター
ンを提供することを競い合う仕事である。PEファンドにせよヘッジ

ファンドにせよ、「IRR20％〜30％を投資家にもたらす」ことを目標にファンドを組成している。IRRとはInternal Rate of Returnの略で、そのまま日本語として内部収益率と訳される。

ここでは、「投資実行から回収まで年利回り何パーセントで運用したことになるのかを、入口と出口の価格差から算定したもの」と定義しておく。PEファンドは通常5年程度の運用期間を設定しており、投資家が期待するのは、「10億円をこのファンドに投資したら、5年後にいくらに増えて返ってくるか」であり、それが年率何パーセントで運用されることになるかを計算するのがIRR指標、という関係だ。投資家が期待するIRRはファンド運用者にとってのハードルレート、投資の意思決定の際に超えなければいけないIRR基準レートとなる。

IRRの計算は簡単で、エクセルの関数を使うだけだ。当初の投資額をマイナス表示で入れて回収までの年度にはゼロを入れ、最後に回収する金額を入れ、その行全体を選択して、あとは「＠IRR（　：　）」の括弧内に入れれば計算してくれる。途中の年度にも配当の形でキャッシュ回収があるならば、ゼロではなくその数字を入れればよいが、典型的なPEファンドの買収パターンでは、エグジットするまでのキャッシュの回収はほぼゼロになる。

その理由は、彼らが「レバレッジ」を使うことによってIRRを最大化する、つまり多額の借入金を使って買収を行い、エグジットまでは生み出されたキャッシュフローをすべて借入金の返済に充てる手法をとるからだ。

レバレッジでエクイティリターンを極大化させる

買収資金の調達をファンドからの出資金（エクイティ）と銀行借入（デット）で異なる比率で調達した場合、エクイティのリターンはどのように変化するだろうか。これをシンプル化したシミュレーション例が図表8-6である。

このサンプル事例1では、買収価格を1000億円、対象会社の営業利益を50億円から150億円に変動させ、借入金利は10％に固定している。

事例2では営業利益を100億円に固定し、借入金利を5％から15％に変動させている。

　買収資金に占める借入金の割合を50％、75％、90％と変化させると、それに応じて支払利息が変化する。営業利益から支払金利額を差し引いた残りが出資者の取り分、それぞれ利払後利益を出資額で割ることによってエクイティのリターン（税引前）を算出した分布を示している。

　この表から買収資金調達総額に占める借入金の比率が高まる（レバレッジをかける）につれてエクイティ投資家のリターンの振れ幅（ボラティリティ）がより大きくなる、つまりハイリスク・ハイリターンになる、ということがわかる。

　理論的には、エクイティ投資家が大儲けする確率と大損する確率は、平均値を中心に左右に同じように高まるのだが、もし借入金利が低いまましばらく続く環境であれば、大損する現実的リスクはそれほどでもない。

　営業利益についても同様で、将来の利益が上下に振れる幅が大きくなるとエクイティのリターンの幅はそれを増幅する形で大きくなり、エクイティ投資はよりハイリスクになるが、将来の利益の振れ幅が小さく安定している事業を選べば、そのリスクは現実的には小さい。

　この「レバレッジ」の特徴を理解すればPEファンドが活発に活動するのは、

①低金利で銀行などが積極的に融資に応じてくれる環境下で、
②買収ターゲットになりやすいのは営業利益が景気や技術革新などの影響で急落しにくくキャッシュフローの見通しが安定的な業界の会社

であることがわかってくる。

　レバレッジをかければかけるほど、エクイティのリターンは高くなる。理論としてはそれで正しいが、現実には借入金を増やしすぎると倒産リスクが高まるので、事業会社はファンドに比べてレバレッジには

図表8-6 レバレッジによる投資リターンの変化

サンプル事例1　営業利益が変化した場合　（単位：億円）

	買収金額	1,000	営業利益		
			150	100	50
	借入金利	10%			
			支払金利額		
買収資金調達構成	借入	500	50	50	50
		750	75	75	75
		900	90	90	90
			税引前利益（出資者帰属利益）		
	出資	500	100	50	0
		250	75	25	−25
		100	60	10	−40
			出資者の税引前リターン		
	借入比率	50%	20%	10%	0%
		75%	30%	10%	−10%
		90%	60%	10%	−40%

サンプル事例2　借入金利が変化した場合

	買収金額	1,000	借入金利		
			5%	10%	15%
	営業利益	100			
			支払金利額		
買収資金調達構成	借入	500	25	50	75
		750	37.5	75	112.5
		900	45	90	135
			税引前利益（出資者帰属利益）		
	出資	500	75	50	25
		250	62.5	25	−12.5
		100	55	10	−35
			出資者の税引前リターン		
	借入比率	50%	15%	10%	5%
		75%	25%	10%	−5%
		90%	55%	10%	−35%

出資者へのリターンはレバレッジが高くなるほど利益や金利の変動に対する振れ幅＝リスクが高くなる

慎重で、株主資本比率の高さを重視する傾向がある。それが入札方式のM&A案件において、事業会社がファンドに競り負ける1つの理由だ。

| 図表8-7 | 1～5年後に2500億円で投資回収した場合のIRRの変化 |

買収価格	1年後	3年後	5年後
1,000億円	150%	36%	20%
1,500億円	67%	19%	11%
2,000億円	25%	8%	5%

回収スピードアップによるIRR改善

ファンドが駆使するIRR向上策の2点目は、投資回収のスピードを上げるという手法だ。同じように簡単なサンプル事例でその特徴をつかむことができる。

当初1000～2000億円を投資し、それが1年後、3年後、5年後に2500億円に増えて返ってくるとしたら、投資リターン（IRR）は何パーセントになるか。

計算の方法は先に述べたとおり、エクセルのIRR関数を使うだけで、**図表8-7**のとおりIRRが変化することがわかる。

1000億円の投資が2.5倍に増えるとしても、それに3年かかるとしたら、年平均利回りであるIRRは36％、5年かかると20％へと急激に下がっていく。

あるPEファンドが設定期間5年間でIRR20％を目標として、投資家の資金を集めたとしよう。2500億円でエグジットできる買収機会に入札で参加するとしたら、このファンドはいくらで入札するだろうか。

1年で転売できると考えれば2000億円以上出せるが、3年かかるとしたら1500億円も出せず、5年かかるとしたら1000億円程度の買収価格しか提示できないことになる（実際には、彼らは前述のレバレッジを組み合わせて使うので、もっと高い値段の提示が可能なのだが）。

投資回収のスピードがIRRに与える影響を理解すると、PEファンドは買収ターゲットとして、

①余剰キャッシュはもちろん、売却可能な事業や資産をたくさん
　持っている
②運転資金や経費の合理化余地が大きい
③転売や上場（IPO）のエグジットストーリーが描きやすい

といった特徴がある会社に目をつけることが見えてくる。
　PEファンドがコングロマリット企業の事業売却などでその買い手側として登場し、事業上のシナジーがないにもかかわらず競合事業会社や総合商社より高い入札金額を提示して取引を成立させることはよくある。
　それだけ高い値段を出しながら、PEファンドは20％という高い利回りを出資者に提供できる、とされる。その理由はプロ経営者を招聘する能力や節税効果を利用するストラクチャリング力もさることながら、レバレッジと回収スピードの効果によるところが大きい。
　そして、「レバレッジと回収スピード」の手法をとことん駆使することが、世の多くの人が眉をひそめるマネーゲーム的な強欲資本主義を生み出すことにつながる。レバレッジをかけると、会社は当然倒産リスクが高まる。回収スピードを上げることは、短期的視点の強引なリストラや事業売却につながりやすい。
　金融緩和でカネ余りの時期は、特に銀行や社債投資家が少しでも高い金利収入をめざして彼らの案件に積極的に融資し、レバレッジを高めた買収資金調達を手助けしがちで、「ファンドバブル」が起こる。レバレッジをかけて買った資産を切り刻んで、相場の上昇に乗ってタイミング良くエグジットする、これだけで高いIRRを実現して大儲けする世界を恰好よく「ファイナンシャル・エンジニアリング」と呼ぶ人もいるが、多くの人にとって、それは企業価値を高める活動とは別の、「虚業のマネーゲーム」だ。
　一流といわれるPEファンドは一流の事業会社と同じく、「自分たちが経営することによって、対象会社の持つ潜在力を開花させて、将来キャッシュフローのプラスアルファを実現する」、その力量で勝負する。そして、そのような経営は、「リスクマネジメント」の力量と深く結びついている。

次章では、リスクマネジメント力が企業価値とどう結びつくのかを、「オプション」という重要なファイナンス用語を使って解明を試みてみよう。

第III部　実務応用編──理論と実務の橋渡しの試み

第**9**章　Valuation

リスクマネジメントを
オプションで捉える

1：オプション的思考

　2000年以降の金融・ファイナンスの世界で最も発展した領域は、おそらくオプションにかかわる分野だろう。「金融工学」「デリバティブ」といった用語で語られる世界で、理科系出身のエンジニア風のプロたちが活躍している場、ひと昔ふた昔前の投資銀行の世界しか知らない私自身を含め多くの経営者が「さっぱりわからない」と投げ出してしまいたくなる分野だ。しかし、これまでの議論と同様に、敬遠して専門家任せにしてはいけない話であり、少なくとも枠組みはしっかり理解しておかなければならない。

　オプションの考え方を、金融市場でトレーダーたちが使うためだけのものではなく、日常的な問題を扱うものとして受け止めて使いこなすスキルは、経営者にとってますます重要になってきている。その理由は、経営を取り巻く環境の変化や不確実性、つまり「広義のリスク」が大きくなる中で、オプションはそれをコントロールする有効な手法だからだ。

　そもそもオプションとは何か？

　オプションは「選択権」などと訳されるが、要するに、「将来何かをする自由を持つが義務は負わない」という権利だ。

これは世の中に日常茶飯に転がっている。「カーナビはオプションです」と車のディーラーが言うとき、これは車を購入するにあたって追加料金を払って純正のカーナビをつける自由はあるが、付けなければいけない義務はないという意味だ。

ベンチャー企業などが社員へのインセンティブとして付与するストックオプションは「新株予約権」と訳されているとおり、将来に一定の（安い）行使価格で自社の株式を買える権利であり、ベンチャー企業が上場して株価が大化けした際に、元の安い価格でその権利を行使して株式を手に入れ市場で売却すれば、大儲けできる。他方で株価が行使価格より低迷している場合は、買わなければいけないという義務はない、という仕組みだ。

マンションの購入にあたって「解約した場合、手付金は返還しません」という条項を飲んだあなたは、マンション購入義務から解放されるという自由（オプション）を買ったことになる。そのオプション料が手付金である。

なぜこのような取引をするのだろうか？　それはあと1カ月の間にもっと良い条件のマンションが見つかって、そちらに乗り換えたくなるかもしれない。1カ月の間に金融危機が起こって会社をクビになり、マンションを買っている場合でなくなるかもしれない。しかし、1カ月の間に新たな買い手が出てくるかもしれず、その人にそのマンションを取られるのは阻止したい、……といったさまざまな「不確実性」に対処するために、手付金というコスト（オプション料）を払っているのだ。

そして、これは「リスクマネジメント」という言葉で経営者が日々判断を迫られている出来事と同じだ。「リスクをヘッジする」「保険をかける」という行為をオプションを売ったり買ったりする行為として理解し、投資家や取引相手との意思疎通の円滑化に役立てられるようにしておきたい。

本章では、まずオプションの性質を明らかにし、その価格算定の基本的枠組みを説明する。そして、その手法が企業価値算定、特に将来

キャッシュフローの不確実性が高い事業やプロジェクトにどう応用できるか（リアルオプション）を取り上げ、第10章で財務破綻した企業の事業再生において債権者と株主・スポンサーの利害調整にどう役立ちうるのかを、検討する。

先にお断りしておくが、本書では、

①オプション価格の算定方式はかなり難解で数学的素養を要するので、詳細には立ち入らない
②オプション価格算定は、さまざまな前提の上に成り立っているので、実際の企業価値算定に使う場合も前提次第、算定結果がより「正しく」なるという幻想は持たない

という立ち位置で書き進める。考え方の枠組みとその限界を理解したら、あとはファイナンシャルアドバイザーなどの専門家のサポートを受けるべきだ、というスタンスはこれまでと同様である。

1.1 ◆ オプションの基本構造

オプションを理解するにあたっては、コールとプット、それ買うか売るかで、2×2＝4つのパターンがあるという基本構造を頭に入れることがスタートラインだ。

　コール・オプションとは、買う／手に入れる権利
　プット・オプションとは、売る／逃げる権利

　それらの権利を買う（業界用語では「ロング」）
　それらの権利を売る（同様に「ショート」）

そしてこの4つは、その損益（ペイオフ）図をイメージとして覚えておくと何かと便利だ。

187

・コール・オプションを買うのは、あなたが損失(ダウンサイド)を抑えて利益(アップサイド)を無限に追求したいとき
・プット・オプションを買うとは一定の売値で売る権利を買うこと、つまり値下がりした際に得をする代わりに、アップサイドをあきらめるとき

である。そして、あなたがそれらのオプションを買うためには、それを売ってくれる人がいなければならない。相手方の損益(ペイオフ)は、あなたのものと上下がひっくり返った対称な形になる。

　オプション取引の対象となる原資産(株式や通貨)の価格を横軸、得られる損益(得失)を縦軸にとると、**図表9-1**のとおり、4つのペイオフのパターンが出来上がる。ペイオフを描くには将来いくらで買う・売る約束なのかという「行使価格」が必要なので、図ではそれを1000円とする。

　損失を抑えながらアップサイドを追求するコール・オプション・ロングのペイオフが右上がりのホッケースティック型になるのは、直感的にわかりやすいだろう。プット・オプションにおいて原資産価格が下がれば下がるほど儲かるというペイオフ図は、ややイメージしにくいかもしれない。

　1カ月後にこの株式を1000円で売るというプット・オプションを買ったあなたは、現時点でその株を持っていない前提で考えるのだ。1カ月後に株価が暴落してほとんどゼロになったとしたら、あなたはその底値で市場から株を仕入れてきて、それを相手方に1000円で売ることができるのだから大儲けとなる。相場が下がると読んで、「空売りを仕掛けて儲ける」というのはこの取引だ。

　そのような自分に都合の良い(損益が非対称な)取引に応じてくれる相手を見つけるには、「その代わりオプション料を払います」と下駄を履かせる必要がある。だからどの損益図でも、フラットになっている部

図表9-1 オプションのペイオフ図

分では、買うほうの利得はオプション料の分だけマイナス、売るほうはその分だけプラス、のペイオフになる。

ちなみに、プット・オプションを買ったはよいが、1カ月後に株価が2000円になっていたらどうするか？　下がったときと同様に市場で2000円でその株式を仕入れて、約束した1000円で相手に売らなければならないとしたら、あなたは大損する。

その場合はプット・オプションを放棄すればよい。オプションは「権利はあるが義務はない」というところがミソであり、支払ったオプション料分の損失だけで済む保険の役割を果たしていることがわかる。コール・オプションを買って株価が暴落した場合も同様に、オプションを行使しない（1000円では株を買わない）という選択をすれば、損失額は支払ったオプション料だけで済む。

1.2 ペイオフの合成

　この4つの基本パターンを使えば、自分にとって都合のよいさまざまなペイオフ状態を作り出すことができる。

　例として国内で製造した半導体製品を海外に輸出する会社について考えてみよう。この会社の収益は、円高になればなるほど小さくなる。この会社の収益は円／ドルの為替レートを横軸にとると、**図表9-2**のとおり、1ドル＝90円より高くなると赤字に陥ると仮定する。

　ここで経営者が「円／ドルの為替レートが100円から120円までの変動なら許容できるが、それ以上円高になったときの損失は避けたい。その分、円安に振れた場合の儲けも、上限付きで構わない」と考えたとしよう。これを実現するにはどうすればよいか？　4つのペイオフ図の組合せで、

　　　100円を行使価格とするプット・オプションの買い（ロング）と
　　　120円を行使価格とするコール・オプションの売り（ショート）

を輸出製品金額分だけ同時に行えば、**図表9-3**のとおり、望むペイオフ状態を作り出すことができる。

　このペイオフは、携帯電話サービスの「W定額プラン」と同じ、上限（キャップ）によってびっくりするような高額請求書が回ってくることを避けられるが、そのためには全く使わなくても、下限（フロア）の最低料金の支払いを受け入れなければならないバーター取引だ。

　このように4つのオプションのパターンを組み合わせることによって、投資家や経営者は自分のリスク選好や損失回避志向に合わせたペイオフ状態を自由に作り出すことができる。為替や原油価格や天候に翻弄されがちな経営者が「デリバティブ」と言われるリスクヘッジ商品を買い、その反対側で低金利環境下で運用利回りを上げたい機関投資家がオプション料を稼ぐ代わりに非対称なペイオフのリスクを受け入れる。お互いのニーズが合致して、オプション／デリバティブ市場が発展してき

図表9-2 半導体輸出会社の収益構造

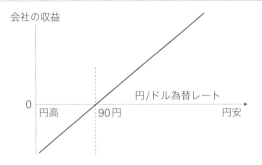

図表9-3 オプション合成による為替リスクヘッジ

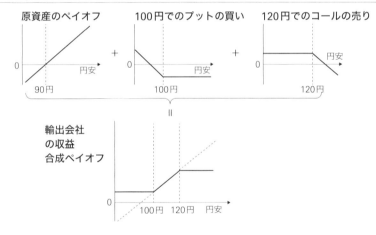

たのは自然な流れである。

そして、リーマンショックで市場が崩壊したときに最も痛手を受けたのは、デリバティブの組み込まれた証券化商品を買った保険会社などの機関投資家と、その商品を組成・在庫して（ポジションを取って）自らのバランスシートを痛めてしまった投資銀行だった。

1.3 ◆ オプションの価値算定

　ダウンサイドのリスクヘッジをしながらアップサイドは取りたい、という手前勝手な取引を成立させるには相手方が必要だが、同時に弱みに付け込まれて法外なオプション料を取られることは避けたい。そのためにはオプションの価値を算定する方法を知らなければならない。

　大昔から保険という商品は存在していて、そこでは保険料率は過去の発生確率のデータの蓄積から料率が算定されてきた。オプション価値の算定は、それとは若干異なり、市場で価格が付いている資産の組合せによってオプションと同じペイオフを作り出し、そこから逆算でオプションの価値を読み取るというアプローチをとる。

　一定の条件下では元になっている資産と借入・貸付の組合せで、オプションと同じペイオフを作り出すことが可能だということに着目してオプション価格算定の公式を編み出したのがフィッシャー・ブラックとマイロン・ショールズという2人の経済学者だ。わかりやすい株式のコール・オプション価格についてその枠組みを説明する。

A社の株価が現在1000円、この株式を1年後に行使価格1000円で買えるコール・オプションの価格はいくらだろうか？

　これに答えるためには、いくつかの前提が必要だが、最も重要な前提は1年後の株価がどれぐらいの幅をもって変化するかの見通しだろう。結論を先に言うとこの幅（ボラティリティ）が大きければ大きいほど、つまり、リスクが高ければ高いほど、オプションの価値は高くなる。

　1年後の株価が1750円に上がるか500円に下がるかの2つしかないと仮定する（あまりにも現実的でない仮定だが、このぐらいシンプル化しなければ、算定式がとてつもなく複雑になる）。半々の確率だとして単純に期待値は、

$$1750 \times 0.5 + 500 \times 0.5 = 1125 円$$

と計算され、1000円でこの株式を買った場合、1年後の期待利益は125円となる。

　しかし、コール・オプションを持っているあなたにとってのペイオフは、株価が1750円になった場合はオプションを行使して750円の利益、他方で500円に下がった場合はオプションを放棄するので、損益はゼロで歯止めがかかる。よって、期待利益は375円に上がる。このオプションの価値は単純に考えれば、期待利益差額の「375 − 125 = 250円」だが、オプションの理論価格はこの価格とは一致しない。

　このコール・オプションの理論価格は、上記のような発生確率の仮定なしに後述の「ヘッジ比率」なるものを使って、オプションと同じペイオフをＡ社株式と借入の組合せで作ることによって計算する（なお、ここでは超シンプルに説明するために、1年後の受取額を現在価値に直したり、その間の借入金に金利がかかるという要素は無視する）。

　どのように株式と借入をブレンドすればよいか？　0.6株分のＡ社株式を買うと同時に、Ａ社株を担保に300円借りればよい。この組合せのペイオフは図表9-4となり、750円の利益がゼロかというコール・オプションのペイオフと一致する。

　よって、このコール・オプションの価格は

$$コール価格 = 0.6株分の株式価格 − 借入額$$
$$= 600 − 300 = 300 円$$

となる。先ほどの期待利益差額の250円より高くなっているが、この差は、実際には株価の振れ幅が500〜1750円の間に確率分布していて、500円か1750円のどちらか50％ずつの確率という単純な分布と異なるために生じている。

| 図表9-4 | 原資産と借入によるコール・オプションの複製 |

	株価が500円になった場合	株価が1,750円になった場合
A社株式0.6株の価値	500×0.6 = 300円	1,750×0.6 = 1,050円
借金の返済	△300円	△300円
合計のペイオフ	0円	750円

ところで、0.6株と300円の借入れという2つの数字はどこから出てくるのだろうか。オプション1単位と同じペイオフを複製するために必要な原資産の割合は、原資産の価格変動幅とオプションのペイオフ幅の比率で決まり、これは「ヘッジ比率」または「オプションデルタ」と呼ばれている。この例では、

$$ヘッジ比率＝オプションのペイオフの幅／原資産の変動幅$$
$$＝（750 - 0）/（1750 - 500）= 750/1250 = 0.6$$

と計算する。

必要な借入金額は、ダウンサイドの場合、オプションは行使されずペイオフはゼロになるので0.6単位の株式のダウンサイド価格をゼロにするだけの金額、「500×0.6 = 300」となる。

コール・オプション価格
＝ヘッジ比率分の原資産価格－ダウンサイドのペイオフをゼロにする借入額

価格のついている原資産と借入の合成という方法でコール・オプションの価格を算定する発想は画期的だ。ちなみにプット・オプションの場合も同様に、

ヘッジ比率分の原資産の売りとそれに対応する貸付

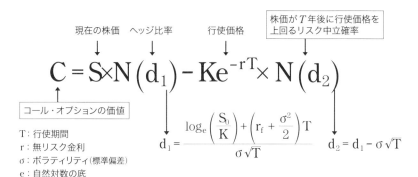

図表9-5 ブラック・ショールズの公式（コール・オプション）

で複製して価格算定することができる。

　この考え方を理論的に発展させたのが「ブラック・ショールズの公式」という有名な公式だ。複雑な公式で、理解するには前提となるさまざまな統計学・数学知識から始めなければならないので本書では立ち入ることなく、答えの公式だけを紹介しておく（図表9-5）。

　公式の基本構造は、上記のシンプル事例同様「ヘッジ比率×株価－借入金額」で、ヘッジ比率（デルタ）を対数正規分布する将来価格の標準偏差で捉える形になっている。この公式のすごいところは、将来見通しが上か下かの2つの値しかないという非現実な前提を置くことなく、行使価格が現在の価格とずれていても、行使できるタイミングが変化しても、オプション価格を算定できる点だ。

　そのことは同時に、オプション価格を「正確に」出すには限界があることも示している。なぜなら公式は、将来価格のブレ（ボラティリティという意味での「リスク」）が対数正規分布に従っていて、そのブレ幅を標準偏差で「正確に」見通せるという前提で計算するが、現実世界では将来の株価がどうなるかは、理論的な発生確率とずれた動きをするからだ。

　この公式の生みの親でありノーベル経済学賞受賞学者の、マイロン・

ショールズとロバート・マートンがメンバーに名を連ねていたLTCMという投資ファンドが1998年のロシア財政危機の発生確率を見誤って破綻してしまったのは有名な逸話だし、この公式を頼りにデリバティブ価格の計算をしたトレーダーの多くは、リーマンショックで大損失をこうむった。

　戦争や天変地異や政治の混乱、それに伴う市場のパニックの発生は、正規分布を前提に確率論的に処理しきれないことを2007年に書いたナシム・ニコラス・タレブの『ブラック・スワン』は、リーマンショックを予見していたことでベストセラーとなった。

　それでも、将来の不確実性に対処する手段としてオプションは有効だ。そして、オプションの価値が定量化できて金額に換算できるならば、投資の意思決定の際の将来キャッシュフローの不確実性問題を解決できるかもしれない。これが「リアルオプション」の考え方だ。

2：リアルオプションの考え方

　金融取引の世界で発展してきたオプションの発想と考え方を投資プロジェクト評価や企業経営に応用する試みには大きな意味がある。投資を先送りしたり、投資したプロジェクトから撤退したりする自由がある場合、そこに金融オプション取引価格と同様の「選択肢の価値」を見出す、これが「リアルオプション」だ。

　将来の不確実性が高い状況で柔軟に変更可能な投資プロジェクトは、そうでないプロジェクトよりオプション価値の分だけ高く評価すべきだという発想は、多くの人の賛同を得られるだろう。その差をどうやって数値として捉えるかがここでの難問だ。

2.1 ◆ シナリオ分析とディシジョンツリー分析と リアルオプション評価

DCF方式でバリュエーションを行う場合もベストケース、ワーストケース、ベースケースという形でいくつかのシナリオを想定し、最悪のケースでどうなるかを投資の判断材料として用いたり、それぞれのケースに発生確率を掛けて期待値を算定するという光景はよく目にする。これはリアルオプションと同じだろうか？

シナリオ分析とは、通常は投資計画を実行した場合の結果にさまざまなシナリオを想定する作業だ。あくまで投資判断は1回で、不可逆なことを前提としている。これに対してリアルオプション手法は、投資に関する意思決定がフェーズ1からフェーズ3までというように、将来にわたって連続的に行われたり、不確実性の程度が時間経過とともに変化したり、前の出来事次第で次にとるべき決定の選択肢が変化する、といった場合に威力を発揮する。

ディシジョンツリー分析は、単純なシナリオ分析に時間軸を伴う意思決定を組み込んだもので、「このシナリオが発生したらこうする」という形をしていて、儲からないなら止める、うまく行ったらさらに拡大投資する、という選択の自由を表現しているという意味で、リアルオプションの発想と同じである。

実際にリアルオプションの価値算定はディシジョンツリー分析をもとに計算される。両者の違いは定量化の手法にあり、それは先の500〜1750円の幅で変動する株式の例でオプションの価値を単純な期待値の差額で捉えるか、より精緻な確率分布をもとに算定するかの違いと理解して差し支えない。

2.2 ◆ リスクマネジメント力とリアルオプション的思考

事業経営におけるほとんどの意思決定は、1回決めたらそのまま鉄砲玉のように後は成り行きまかせ、というものではない。決めるタイミン

グも「今でしょ」だけとは限らない。

「もしこうなったらこう対処すれば損失が抑えられる」

「良い投資機会があるからといって、慌ててそれに飛びつくより、じっくり待ったほうがベターな場合がある」

「高いコストを払って保険を掛けるよりも、リスクを飲み込んで前に進んだほうがいい」

など、より多くの選択肢や対策を念頭に置きながら実際の意思決定は行われる。だからこそ多くの経営者はDCF方式オンリーで重要なM&Aや投資判断を迫られることに違和感を覚えるのだ。これは企業価値算定が詰まるところ、経営の質を数値化する作業だという話ともつながっている。

不確実性に満ちた将来に対して具体的な選択肢を幅広く設定してシナリオ化し、臨機応変に柔軟に対応する、すなわち「リスクマネジメント」こそが経営者の本業である。その力量を評価しようとするなら、リアルオプションを使った価値評価の視点は、きわめて重要になるはずだ。

戦争が起こったり、自然災害に見舞われたり、為替や資源価格が乱高下したり、個人情報が流出したり、自社製品が事故の原因だとして消費者団体に糾弾されたり、……と事業はさまざまな「（広義の）リスク」にさらされている。

企業経営者の手腕は、素晴らしい未来を描くビジョンや実行力と同時に、それらの事態にどう適切に対処するかという「リスクマネジメント力」によって評価される。不測の事態が起こった際に、情報開示や記者会見での受け答えで迅速かつ適切に対応する経営者のいる会社と、「全くの想定外であり、当社としては事態の一刻も早い収束を切に願っております」と他人事のようにコメントする経営者の会社とでは、株価という市場評価に差がつくはずだし、もし現実の株価形成がそうなっていないなら、差がきちんとつくような市場づくりを投資家はめざすべきだろう。

株式投資家の大半は、リアルオプション価値を算定したりはしない。

しかしながら、同業で同じような外部リスクにさらされている2つの会社の倍率評価が異なるとき、あるいは同じような外部環境変化にもかかわらず、片方の会社はほどなく株価が回復し、他方は株価低迷から抜け出せないとき、それは両社のリスクマネジメント力の差を市場投資家が暗黙のうちにリアルオプション価値の差として認識していると解釈できる。そういう投資家と効果的にコミュニケーションするために、経営者はリアルオプション的思考力と表現力を身につけておいて損はない。

　M&Aやプロジェクトファイナンスの契約書は膨大なページ数になることが多い。これは将来のさまざまな不確実性やリスクを事前に予見したうえで、双方がそれらのコストをどのように負担するかをあらかじめ合意しておくため、まさに両者の「リスクマネジメント力」が契約内容に反映する。この領域はリーガルアドバイザー（弁護士）が重要な役割を果たし、リアルオプション価値を左右する世界だといえる。

　ここで私が強調したいのは、ブラック・ショールズの公式を使いこなして「正確な」オプション価値算定結果を出すことではなく、経営判断の選択肢をオプションの枠組みで理解し表現する力だ。

　たとえば、投資を今すぐやらずに将来に延ばすという「延期オプション」、これは時間的猶予を持って投資するかしないかを決められるし、待った挙げ句に投資しないという選択の自由を持った「コール・オプション」なのだと理解したうえで、オプション価値算定のために、以下のように金融オプションへの当てはめをする。

　　①原資産の現在の価格＝投資プロジェクトのPV（現在価値）
　　②オプションの行使価格＝将来のある時点でプロジェクトを実施する場合の必要投資額
　　③ボラティリティ＝プロジェクトのPVの前提となる将来見通しの不確実性、振れ幅
　　④行使期間＝投資をするかやめるかを決めるまでの猶予期間

それによって、この「待てる」というオプションの価値は、

・行使価格が原資産価格より小さいほど高くなる。つまり、待つことにより投資額が下がるならオプションの価値が高まる
・ボラティリティが大きい、待つことによって不確実性が減っていく場合にオプション価値が高まる
・行使期間が長いほど、このオプションの価値は高くなる。ただし、待っている間の原資産の配当が大きい場合（待つ間に失うキャッシュフローが大きい）にはオプション価値は低くなる

などのコール・オプションの一般的な特徴をそのまま当てはめて、投資決定を先延ばしできることの価値について、より冷静で客観的な議論と判断の助けとすることができるのではないだろうか。

　ここで読者は、「抽象論はわかったが、実務で使えるイメージがわかない」と思われるかもしれない。確かにそのとおり、次節では現実にありそうな事例設定で、これまでに議論してきた企業価値算定手法と対比しながら、ディシジョンツリー分析とリアルオプションの実践的な使い方とその限界を探ってみよう。

3：リアルオプションを使った投資判断事例の研究

　日々の経営判断は、リアルオプション的思考を要するものばかりだと理解したうえで、具体的にその価値をどう数値化しうるのだろうか？現実にありがちな以下の想定ケースで検討してみよう。

　　Ｘ社は自社が行っていない斬新なインターネットサービス事業の立ち上げを検討し、年間3億円の開発コストをかけているとする。その市場は現在まだ10億円程度と取るに足りないが、2年後には2倍の20億円になり、市場の爆発的立ち上がり期を迎える見通しだ。

その際にリーディングポジションを獲るべくサービス体制を整えるのに、30億円の拡大投資が必要だと想定される。しかしながら、それ以降の市場規模がどこまで大きくなるかについては、倍々ゲームで5年後に160億円に伸びるという見通しと、年率30％程度の伸びで44億円程度で頭打ちになるという見通しが50：50、あと丸2年様子を見なければどちらに転ぶかわからない。

　そこへ、すでにサービスを立ち上げて市場のシェア20％、2億円の売上をあげているＡ社が開発コスト年間3億円の重みに耐えきれず身売りを考えている、という情報が入ってきた。

　この事業は勝者総取り的なところがあり、トップになれば50％のシェアが獲得でき大きな利益を得られるが、そうでなければ、せいぜいシェア15％程度の二番手組になり、収益的魅力は乏しくなる。

　また、今Ａ社を買収すれば3年目に必要な拡大投資は自社開発の場合の半分、15億円で済むだろう。

　Ｘ社は今Ａ社を買収すべきだろうか？　買収するとしたら、いくらまでの価格を提示できるだろうか？

　かなりシンプル化されたこのケースだが、それでもＡ社のバリュエーションは複雑にならざるをえないことを示していこう。

3.1 ◆ シナリオ策定によるリアルオプションの認識

　まずＸ社の戦略選択肢をツリー化すると、図表9-6のようになる。

　このケース、Ｘ社のとりうる戦略には、さまざまなリアルオプションが含まれているので、まずはその部分に注目し、分類してみよう。

拡張オプション

　Ａ社を今買収した場合、丸2年後に行う拡大投資は30億円ではなく、15億円で済む。Ｘ社は市場規模が160億円まで拡大することが見通せ

図表9-6　X社のとりうる戦略選択肢とシナリオのディシジョンツリー

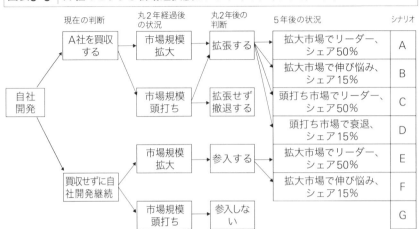

るタイミングで15億円の追加投資を行って、より確実性高く大きなリターンを追求できるようになる。

→X社は丸2年後の「拡張オプション」を持っている

撤退オプション

一方、2年目終了時点で将来の市場規模が50億円足らずで頭打ちになることが明らかになったならば、拡大投資を見送り、支出を止め、事業から撤退することもできる。

→X社は悪いシナリオになった場合の「撤退オプション」を持っている

売却オプション

市場が爆発的に伸びることが明らかになれば、競合の新規参入が当然予想される。A社が先行メリットを生かして業界リーダーの座を守り、5年後に50％シェアを取れるか、団子レースに巻き込まれて15％シェアの群雄割拠状態に陥るか、は50：50の確率だとする。5年後時点で後者の状態になった場合、X社はA社事業に見切りをつけ、業界トップの座をねらうライバル他社にいい値段で売却できるだろう。

→Ｘ社は5年後の「売却オプション」を持っている

延期オプション

　Ａ社は現状小さな市場のシェア20％を持つ先駆者的存在ではあるが、Ｘ社は3億円×2年の開発コストをかけながら、後発参入しても追いつけると読んでいる。つまり、Ａ社を今買収するべきか、買収を見送って丸2年後に市場規模の見通しが立つまで30億円投資を待つか、という選択肢を持っている（もちろん、今すぐ30億円投資してＡ社に追いつき追い越すという選択肢もあるが、シナリオとしては割愛し、後述のオプション価値算定の際に検討する）。
→Ｘ社は今すぐ投資に代えて最低限の投資で時間を稼ぎ、2年目の終了時に30億円投資をして本格参入するという「延期オプション」を持っている

　これらのオプションを考慮に入れつつ、Ａ社買収検討プロジェクトチームは、どのような分析をすればよいだろうか？
　まずは5年間の収支・キャッシュフロー見通しを作成しなければならない。リアルに作り込むと際限なく前提を置かなければならなくなるので、ここではキャッシュフローのみに着目し、収支構造もできるだけ簡素化し、以下の作業を行う。

- 事業運営のためには、投資に加えて年間の運営コストがかかる。運営コストは売上に連動する「変動コスト」と、研究開発や家賃など売上の有無にかかわらずかかる「固定コスト」に分解、変動コストは必要運転資金を含めて売上の50％、固定コストとして当初2年は3億円/年、事業拡大に伴い3年目以降は10億円/年と想定する。
- 売上の伸びは、市場規模×当社市場シェアで見通しを作成する。シナリオとして、

　　　市場拡大 or 頭打ち

市場リーダー or 伸び悩み団子レース

で2×2＝4通りを想定し、**図表9-7**のように市場規模とシェアの前提を置き、Ａ社買収後の売上見通しをＡ～Ｄの4シナリオ、自社開発シナリオをＥ～Ｇの3シナリオを想定、コスト前提に基づいて5年間のキャッシュフロー見通しを作成する。

そして、いよいよ本題の投資採算分析だ。簡便・伝統的な方法からオーソドックスなDCF法、リアルオプションの発想を取り入れたディシジョンツリーDCF法、オプション複製方式でリアルオプション価値を算定する方法で算定して、投資判断の結論が異なりうることを確認する。

以下、①～⑨の通し番号は、プロジェクト検討結果を要約した後述の**図表9-12**に対応している。

3.2 ◆ 伝統的な評価方法を適用した場合

回収期間法による投資判断

まずはＸ社の社内投資基準としてよくある、**3年で単年黒字、5年で累損解消（投資回収）**が達成できるかを**図表9-8**から確認しよう。

Ａ社を買収し、2年後にさらに15億円の投資をした場合、5年間のキャッシュフロー累計はベストシナリオであれば、25億円までの買収金額を正当化できる（①）が、それ以外のシナリオではマイナス、つまり5年経っても累損が解消しないので、買収はタダでも無理、となる。

うまくいけば5年後には年間30億円のキャッシュを生み出せ、最悪シナリオにならない限り5年目にキャッシュフロー黒字達成できるこのプロジェクトである。事業担当者は市場規模拡大の根拠資料をかき集め、「市場は絶対大きくなります。先手必勝、われわれが石にかじりついてでも成功させますので、25億円での買収の承認を」と気合いと根性で案件を通せるかもしれない。しかし、それでは会社の貴重な資本をリスクにさらす事業責任者の説明責任を果たしているとはいえない。

| 図表9-7 | 各シナリオの前提およびキャッシュフロー見通し |

諸前提

【市場規模】 (単位：億円)

	想定	0年目	1年目	2年目	3年目	4年目	5年目
1	市場拡大	10	14	20	40	80	160
2	市場頭打ち	10	14	20	26	34	44

【X社シェア】

A社買収シナリオ

		1年目	2年目	3年目	4年目	5年目
A	拡大・リーダー	30%	40%	50%	50%	50%
B	拡大・伸び悩み	30%	40%	40%	25%	15%
C	頭打ち・リーダー	30%	40%	50%	50%	50%
D	頭打ち・衰退	30%	40%	30%	20%	15%

自社開発シナリオ

E	後発・逆転	0%	0%	10%	30%	50%
F	後発・伸び悩み	0%	0%	10%	15%	15%
G	頭打ち・参入見送り	0%	0%	0%	0%	0%

【X社売上見通し】 (単位：億円)

A社買収シナリオ

		1年目	2年目	3年目	4年目	5年目
A	拡大・リーダー	4	8	20	40	80
B	拡大・伸び悩み	4	8	16	20	24
C	頭打ち・リーダー	4	8	13	17	22
D	頭打ち・衰退	4	8	8	7	7

自社開発シナリオ

E	後発・逆転	0	0	4	24	80
F	後発・伸び悩み	0	0	4	12	24
G	頭打ち・参入見送り	0	0	0	0	0

キャッシュフロー見通し

【事業コスト】 (単位：億円)

想定	1年目	2年目	3年目	4年目	5年目
変動コスト（対売上構成比）	50%	50%	50%	50%	50%
固定コスト	3	3	10	10	10

【投資額】

戦略	1年目	2年目	3年目	4年目	5年目
A社買収	0	15	0	0	0
自社開発	0	30	0	0	0

【X社キャッシュフロー見通し】 (単位：億円)

A社買収シナリオ

		1年目	2年目	3年目	4年目	5年目
A	拡大・リーダー	△1	△14	0	10	30
B	拡大・伸び悩み	△1	△14	△2	△0	2
C	頭打ち・リーダー	△1	△14	△4	△2	1
D	頭打ち・衰退	△1	△14	△6	△7	△7

自社開発シナリオ

E	後発・逆転	△3	△33	△8	2	30
F	後発・伸び悩み	△3	△33	△8	△4	2
G	頭打ち・参入見送り	△3	△3	0	0	0

第9章　リスクマネジメントをオプションで捉える

図表9-8	回収期間法とDCF法比較

A社買収後のキャッシュフロー（CF）見通し　　　　　　（単位：億円）

シナリオ	1年目	2年目	3年目	4年目	5年目
A	△1	△14	△0	10	30
B	△1	△14	△2	△0	2
C	△1	△14	△4	△2	1
D	△1	△14	△6	△7	△7

黒字転換にかかる年数および回収期間法とDCF法の差

シナリオ	単年度黒字転換	5年累計		5年後までのCFのPV
A	ほぼ3年目	25	⟷	13
B	5年目	△15		△13
C	5年目	△19		△15
D	x	△34		△26

ターミナルバリュー（TV）加算後のDCF価値　　　＋

シナリオ	TV＝最終年度CFの5倍		TV加算後PV
A	150	93	106
B	10	6	△6
C	5	3	△12
D	△34	△21	△46

0年目の現在価値へ

確率加重平均DCF法 シナリオA～Dがすべて25％の発生確率だとすると、その加重平均期待値は 10 億円

DCF法による判断

　回収期間法の欠点の1つは、キャッシュフローの時間的価値が考慮されない点にある。足元の大きな支出と5年先の大きな回収は回収期間法では同価値と見なされるが、5年後の回収は現在価値に引き直さなければならない。X社はこのようなプロジェクトの投資においては社内ハードルレート（最低要求リターン）を10％としているとする。

　A社買収戦略の4シナリオが生み出す将来キャッシュフローの現在価値（PV）はベストシナリオで15億円から13億円に下がる。なぜなら、この案件は先行投資が重く、回収に入るまで4年かかってしまうため、将来の回収金額がより大きくディスカウントされてしまうからだ。

　しかし、DCF方式で事業価値を算定する場合は、その事業が5年目以降も継続することを前提に、収支見通しの最終年度にターミナルバリュー（TV）を加算する。最終年度のキャッシュフローにはその後必要になる投資が考慮されていないので、ここでは低めの5倍と想定しておこう。

DCF方式でA社の妥当な価格を算定せよと言われたら、以下の2つのいずれか、あるいは両方のアプローチをとることが多い。

・成功シナリオを高めの割引率で割り引く方法（②）
　成功パターンのシナリオAの将来キャッシュフローを、実現可能性の確率を勘案して、ベンチャー企業に適用するような高い割引率（30〜40％とする）で現在価値に引き直す。
・シナリオ分析の加重平均をとる方法（③）
　4つのシナリオそれぞれを10％の割引率でPVを算出し、発生確率（ここではすべて25％ずつとする）を掛け合わせて加重平均する。

　TVを加えたそれぞれの現在価値は、

　　②の高割引率方式で　28億円〜43億円
　　③のシナリオ加重平均方式で　10億円

とかなりの差が出る。

　②のやり方は非常に大雑把な印象を与えるが、実際によく使われる。なぜなら、売り手のA社経営陣は通常ベストのAシナリオだけを会社の将来見通しとして提示するので、それ以外のシナリオはX社の分析チームが作成するものの、交渉の土台としてB〜Dシナリオが共有されることはまずないからだ。

　②のバリュエーションは小規模なベンチャー多数に分散投資できて失敗を許容できる太っ腹の会社なら承認されるかもしれないが、成功シナリオだけに注目して30〜40％という根拠薄弱な割引率でPVを出す結論にどれだけの説得力があるかは疑わしい。

　その一方で③の方法だと25％確率の成功シナリオが5年後の株式公開によって160億円という巨額のTV（キャピタルゲイン）をもたらすという前提でも、A社買収に10億円しか出せないことになる。

3.3 ◆ リアルオプション思考をとり入れた場合

しかし、ここにリアルオプションの発想をとり入れると、A社買収の戦略的価値が異なる形で浮かび上がる。

拡張オプションシナリオの考慮

このプロジェクトに単純なDCF法を用いる最大の問題は、投資判断が1回だけで不可逆的だという暗黙の前提で価格算定を行ってしまうところにある。

上記のシナリオ分析で明らかなとおり、市場規模が頭打ちになるシナリオにおいて、PVは大きなマイナスになる。市場規模がどこまで大きくなるかは、2年後に明らかになる想定なのだから、その見通しが出た時点でX社は追加15億円の投資で事業拡大するか、投資を行わずに事業を畳んで撤退するかを決めればよい。

投資金額分をマイナスして算出する正味現在価値（NPV：Net Present Value）がマイナスになるのが明らかな状況での追加投資は通常決断しない。だとすると、市場拡大シナリオA・Bの場合のみ15億円を追加投資するシナリオとして残し、市場頭打ちのシナリオC・Dにおいては、そこで事業撤退し、3年目以降のキャッシュフローはゼロと置けばよいことになる。

その場合のPVの期待値は、**図表9-9**のとおり、プラス25億円となる。つまり、このプロジェクトは拡張・撤退のオプション行使期間が2年目終了時にあるがゆえに、A社の25億円買収が正当化されることになる（④）。

撤退判断を鈍らせるサンクコスト

ついでながら、よくある悪い投資判断パターンにも触れておこう。市場頭打ちシナリオにおいても、せっかく買収したA社への投資が残念で（あるいは買収失敗の責任追及を恐れて）、「中途半端に投げ出さずとことんやるべき」という強硬論が主張されることがよくある。

図表9-9	拡張・撤退シナリオを加味したDCF価値算定

A社買収戦略　　　　　　　　　　　　　　　　　　（単位：億円）

シナリオ	1年目	2年目	3年目	4年目	5年目
A	△1	△14	0	10	30
B	△1	△14	△2	△0	2
C	△1	1	0	0	0
D	△1	1	0	0	0

5年目までのCFのPV

A	13
B	△13
C	0
D	0

市場頭打ちが明らかに
なった時点で15億円の
拡張投資を見送り、事業
撤退

＋

TV＝最終年度CFの5倍

A	150
B	10
C	0
D	0

0年目の
現在価値へ

TV加算後PV

A	93	106
B	6	△6
C	0	0
D	0	0

発生確率各25％での加重平均
25.0 億円

　これは経済学でいう**サンクコスト（埋没費用）**の問題だ。すでに行ってしまった投資は「覆水盆に返らず」で、これから先の投資判断に影響してはならない。あくまでこれから先の投資とそれが生み出すキャッシュフローのNPVがプラスかマイナスかで意思決定すべきなのだが、実際には情が移ってしまったり、社内ポリティクス（今の社長が部長時代に始めたプロジェクトなのだから……）で判断が鈍ってしまうのは、よくある話だ。

　この事例のシナリオC・Dでは、2年目にA社は追加投資前でキャッシュフロー黒字1億円を出しており、25億円で買収したとしたら、ここでA社を畳んで事業撤退するという判断は、現場の猛反対に遭うこと必至だろう。

　財務の責任者としては25億円の買収は、市場頭打ちシナリオの場合には撤退することを前提に正当化されたもの、買収資金とそれまでの努力は「サンクコスト」として冷徹に取り扱い、追加15億円の拡大投資の是非に集中する姿勢を貫かなければならない。

売却オプション

DCF法においてTVをどう算定すべきかを第8章で論じたが、それは「5年目に売却するとしたらいくらで売れるか」という売却オプション価値を考慮に入れたものだといえる。

この事例では、単純に最終年度キャッシュフローの5倍と想定したが、これが「リアル」な価値なのかは、本当にその値段で買い手が現れるかどうかにかかっている。

上記のシナリオBは、市場は順調に拡大しているが、競合の追い上げによってシェアが15％止まりになる状況だ。この状態では、競合先がすでに50％のシェアを持っている場合もあるし、群雄割拠の団子レースになり、15〜20％シェアの数社がトップ争いをしている場合もあるだろう。

いずれにせよX社としては、業界下位で利益を出しにくい「レッドオーシャン」で事業を続けるのはあまり魅力的ではないので、もっと成長性の高い別の事業に資本と経営資源を振り向ける経営戦略判断は、大いにありうる。

その状況下、首位争いで一気に勝負に出るべく、X社の事業を買収したがる他社はいるだろう。X社には他社を買収する戦略（さらなる拡張オプション）もあるが、逆に高値で売れるこのタイミングで競合に売却するのも貴重な選択肢だ。

魅力的だが競争も激しい市場において、15％というそこそこのポジションを持っているならば、想定売却価格は高くなるだろう。入札方式で競合数社に競わせることにより、思いのほか高い値段で売れる可能性は十分ある。

であれば、キャッシュフローの10倍という値段をTVとして使える。その場合、シナリオBのPVが△6億円から0になり、確率加重平均PVは25億円から27億円に上がる（④）。

同様に3年目で撤退を決断した際にも、投資コストをカバーできるぐらいの値段で他社に引き取ってもらう売却オプション価値を想定できる

図表9-10 自社開発シナリオ──待つオプションの期待値分析

当初2年間の開発コスト　　　　　　　△6

後発参入後のCF（TV加算後）　　　　　　　　　　　　　　（単位：億円）

シナリオ	1年目	2年目	3年目	4年目	5年目
E	0	△30	△8	2	180
F	0	△30	△8	△4	12

5年目までの総CFのNPV

E	94
F	△38
シナリオE発生確率50％での加重平均	28.0
シナリオF発生確率30％での加重平均	1.8

当初2年の研究開発コスト＋2年目末に30億円投資して3年目以降に生み出すCFのNPVをさらに2年分無リスク金利で（ここでは0％とする）現在価値に

なら、すでに行ってしまった投資が回収可能となるので、先の「サンクコスト」の議論も違ったものになる。

延期オプション

　A社買収のNPV期待値がプラスならば当然、投資は承認されるべきだろう。しかし、必ずそれがベストな意思決定だとは限らない。将来の不確実性が大きい場合には、意思決定を「待つ」「先送りする」というオプションの価値が高くなるケースもあるからだ。

　X社はA社買収を取りあえず見送り、年間3億円の開発・テストのコストのみをかけながら2年間様子を見守り、市場が急拡大することが明らかになった時点で30億円を投資して勝負に出る選択肢も持っている。

　このシナリオでのプロジェクトの将来キャッシュフローは、**図表9-10**のとおり、後発ながらシェア50％のリーダーになれる確率と、15％シェアにとどまる確率が半々だとすると、投資額を含めたNPVの期待値は、割引率10％で28億円となる（⑦）。

　今すぐ30億円投資するわけではないので、2年目末の投資と3年目以降のキャッシュフローは、現在価値にするため2年分をさらに割り引く必要があるが、ここでは割引率（無リスク金利）をゼロとして計算を簡略化している。

また、このサービスの市場拡大が確実であり、2年間様子を見ている間に技術・マーケティングの知見も貯まり、競争力がつくなら、シナリオE・Fにおけるリスク調整後割引率は10％より低くて構わないという意見もあるだろう。

　いずれにせよ、プロジェクトNPVが確率加重平均で25億円以上になるということは、A社買収よりずっと魅力的な投資戦略だ（**図表9-9**の25億円は、A社の買収価格が初期投資として入っていないプロジェクトPVなので、買収金額分をマイナスして自社開発戦略と比較しなければならない）。

　ということは、A社買収は賢明な戦略ではなく、様子見して後発参入する戦略が正しいということになるのだろうか？

3.4 ◆ リアルオプションの理論価格評価とその難点

　この比較分析は、オプション価値のいくつかの一般的特徴と留意点を示している。

　第1の特徴は、将来の不確実性が高い状況ではコール・オプションの価値が高まるということだ。「時期尚早だ」「もう少し様子を見ましょう」と先送りに流れがちなサラリーマン的意思決定スタイルは、スピード感がないと批判されがちだが、不確実性の高い今日の経営環境下では合理的行動でもありうる。

　特に長年日本にはびこった「デフレ」という経済環境は、待てば待つほど必要投資金額（＝オプション行使価格）を下げる傾向があるので、リスクを取らずにキャッシュを抱いてじっとしていることが正当化されやすい。

　2015年暮れに、アベノミクスの効果が思うように出ない安倍政権が「企業は内部留保を貯め込んでばかりいないで、賃上げや新規設備投資をもっと積極的にするように」とけしかけた。それでも企業側はなかなか重い腰を上げないのは、先行き不透明感が払拭できない状況において、「延期オプション」の価値が高いことを経営者は暗黙のうちに理解

しているのかもしれない。

第2に、先送りの判断を行う際には、「待つコスト」をしっかり認識して定量化しなければ結論を大きく誤ることをこの事例は示している。

上記の後発参入シナリオは、3年目に参入しても50%シェアの勝ち組になれるチャンスが半々あると想定しているが、A社買収の先行投資シナリオと後発参入シナリオで勝ち組になれる確率を同じ50%と置いてよいかは、慎重に検討しなければならない。それはA社の筋の良さ次第でもあり、新規参入障壁の高さにもよるだろう。

A社のやり方を盗みつつ、より競争力ある商品・サービス力を自ら開発するという「二番手戦略」が有効な場合もあるが、ブランド力や市場浸透力における先行者メリットが高い場合も多い。X社がA社買収を見送ることによって、潜在的な競合他社がA社を買収する可能性もあれば、A社がベンチャーキャピタルからの資金を得て自力で競争力を高める可能性もある。

これらを勘案すると、自力後発参入戦略は、2年間待つことにより、決定的に出遅れる可能性が高く、A社買収戦略と同じ50%という成功確率は楽観的すぎる。

「待つコスト」は、金融オプションにおいて原資産（株式）が多額の「配当」を行う場合になぞらえられる。待っている間に投資プロジェクトの価値が流出・減少してしまう場合、オプション価値は低下する。自力後発参入シナリオで勝ち組になれる確率を30%に引き下げると、NPVの期待値は1.8億円に急低下してしまい（⑧）、A社買収・先手必勝戦略に軍配が上がることになる。

これらを勘案し始めると、後発参入のシナリオ作成がはるかに難しいことがわかってくる。A社が競合に買収された場合、2年後にX社がA社を買収するチャンスを再度得られた場合、かつて楽天がEC市場で実現したようにA社が自力で資金調達して2年のうちに他社の追随が難しくなるほどのポジションを確立してしまった場合、などのシナリオ検討が必要になってくる。こうなると「ゲーム理論」的な思考を取り入れて、A社の状況と競合相手の出方を読みながら、A社買収を今行うべき

か否かを検討しなければならなくなる。

買収対象会社の他の選択肢や競合他社の動きを見極めながらポーカーゲームのように賭けるか降りるかの判断を迫られる。これが買収検討プロジェクトの実際の姿だ（ゲーム理論は、これだけで1冊の本に値する領域なので本書では触れないし、正確に数値化して判断材料に役立てる自信は私にはない）。

リアルオプションの理論価値試算

第3の留意点としては、上記分析はケース分けしたDCF法のディシジョンツリー期待値分析にすぎず、オプション価格算定ではないという点を挙げなければならない。オプション価値の振れ幅（リスク）は、行使価格と原資産（プロジェクトのPV）の差額によって刻々と変化するので、将来の期待収益を現在価値に割り引くのに一定の資本コストを当てはめるDCF法が使えない世界なのだ。

これがオプション価格算定の公式が難解になる最大の理由である。これまでダウンサイド・シナリオのマイナスをゼロにできることから生まれる確率加重平均PVの差額によって、リアルオプションの価値を説明してきたが、これはリアルオプション価格算定の入り口にすぎない。

その価値を正確に算定するには、ブラック・ショールズのモデルを使ったり、2項ツリー（この事例で使ってきたような、上にいくか下にいくかの2通りの場合分けを積み重ねるやり方）を細分化した膨大なものにして「リスク中立確率」を用いながら、将来から足元に向かって逆算するという方法を用いなければならない。

ここではその簡便法として、本章1節の株式のコール・オプション価値試算の例と同様に、ヘッジ比率分だけの原資産（プロジェクトのPV）に借入金を組み合わせて延期オプションと拡張・撤退オプション実行時のペイオフと同じものを複製して、これらのコール・オプション価値を試算してみる。結果は、**図表9-11**のとおりだ（計算過程は省略していてわかりにくいが、これを記述すると表が複雑になりすぎるので、ご了承いただきたい）。

図表9-11 オプション複製手法を使ったリアルオプション価値算定

(単位：億円)

自社開発の延期オプション

		アップサイド	ダウンサイド	確率加重平均
① 原資産ペイオフ	今すぐ30億円投資した場合のプロジェクトPV ＠10%割引率	89	△64	△7
② オプションペイオフ	2年後に30億円投資した場合のプロジェクトPV ＠10%割引率	94	△6	28
原資産と借入金によるオプションの複製				
③ ヘッジ比率	オプションペイオフの差/原資産ペイオフの差	(94 - △6)/(89 - △64) =		0.65
④ 借入金	ダウンサイド×③をオプションのダウンサイドに一致させる金額	△68×0.64 - △6 =		△36

延期オプション価値＝①×③-④ = 31 億円

A社買収の拡張・撤退オプション

		アップサイド	ダウンサイド	確率加重平均
① 原資産ペイオフ	買収し2年後15億円拡張投資した場合のプロジェクトPV ＠10%割引率	106	△46	9
② オプションペイオフ	市場頭打ちの場合、撤退する想定のプロジェクトPV ＠10%割引率	106	△6	25
原資産と借入金によるオプションの複製				
③ ヘッジ比率	オプションペイオフの差/原資産ペイオフの差	(106 - △6)/(106 - △46) =		0.74
④ 借入金	ダウンサイド×③をオプションのダウンサイドに一致させる金額	△51×0.74 - △6 =		△28

拡張・撤退オプション価値＝①×③-④ = 35 億円

延期オプションの場合、対比すべきは、

　(a)今すぐ30億円投資してＡ社買収戦略と同じような将来シナリオ
　　を描いたケース
　(b)2年後に市場拡大が確実になった段階で30億円投資するケース

の2つだ。それぞれアップサイドとダウンサイドのプロジェクトPVを
計算して、(b)と同じペイオフを(a)と借入金（この場合はマイナスになる
ので無リスク資産での運用）を使って複製することによって、この「延
期＝コール」のオプションの価値が31億円あると計算できる（⑨）。
　拡張・撤退オプションの場合も同様に、(a)市場がどうなろうと、とに
かくＡ社を買収して2年後に15億円の拡張投資を行うケースと、(b)市
場拡大が見通せる場合のみ拡張し、市場頭打ちの場合は撤退するケース
でオプション・ペイオフを複製して計算すると、オプション価値は37
億円となる（⑤）。
　いずれも巨額のオプション価値がある計算になるが、これはかなり高
めの数字だ。ダウンサイドのシナリオが起こって、それを止血する方策
をとらずに赤字垂れ流しを続けるシナリオを含めて、プロジェクトの振
れ幅を大きく取っていることが、高いオプション価値の前提となってい
る点に留意しなければならない。
　ちなみに、ブラック・ショールズのモデルを使って計算するとどうな
るか？　延期オプションは今すぐ30億円投資するか、2年後に30億円、
つまり2年間の研究開発費を含めた合計36億円を投資するか、と考える
と、モデル計算上必要なデータは、原資産価値、つまり、プロジェクト
のPV（22億円＝図表9-12の⑥の原資産ペイオフ確率加重平均値から初
期投資30億円を戻した値）、行使価格（36億円）、行使期間（2年）、金
利（ここではゼロとする）、そしてボラティリティの5つだけだ。
　成功すれば90億円、失敗すればマイナス64億円、というようなプロ
ジェクトのボラティリティは非常に高い。米国市場の株価のボラティリ
ティが40～60％だと言われているのに鑑み、これを50％と置くと、オ

図9-12 プロジェクト検討結果のまとめ

A社買収		プロジェクトPV
①	ベストシナリオ前提　5年で回収	〜25億円
②	ベストシナリオ前提　DCF、ベンチャー投資割引率適用	28〜43億円
③	DCF、10%割引率、確率加重平均	10億円
④	拡張・撤退オプション　ディシジョンツリーDCF加重平均	25〜27億円
⑤	③のPV価値＋拡張・撤退オプション価値	10＋35＝45億円

自社開発後発参入		プロジェクトNPV
⑥	今すぐ30億円投資　DCF、10%割引率、確率加重平均	△8億円
⑦	ディシジョンツリー成功確率50%　DCF加重平均	28億円
⑧	ディシジョンツリー成功確率30%　DCF加重平均	1.8億円
⑨	⑥のPV価値＋延期オプション価値	△8＋31＝23億円

プション価値は2.6億円、100％と置くと8.6億円、200％なら17.3億円、となる（計算モデルはインターネット上に数多く公表されている）。

　金融オプションは、さまざまな株式を対象として数多くの投資家が参加して、オプション価格形成の市場が出来上がっているので、ブラック・ショールズ・モデルが使いやすい。それでも、理論やモデルでは将来を予知しきれない。リアルオプションの場合は、1つ1つが手作りで市場で自由取引される類いのものではないので、モデル化しようとしても多くの前提が必要かつ複雑になりすぎる。

　本ケースのように、ボラティリティが加重平均値を中心に正規分布しているわけではなく、大成功か大失敗に2極化するような事例では、ブラック・ショールズ・モデルで計算するのは無理がある、というのが私の実感である。

　いろいろな手法で計算するのはよいが、では、この検討プロジェクトの結論はどうすべきだろうか？　これまでの検討結果をまとめると、図表9-12のようになる。

　この表には、まちまちな数値が並んでおり、ここから結論を出すには

ソフトな情報を加味したうえでの決断力が必要だ。私が経営者に提言する立場なら、

(i) 自社開発で後発参入して勝算があるなら、20億円以上のプロジェクト価値（NPV）を生めるので、無理してA社を買収することはない。A社は資金難でワラにもすがる状況だということなら、5億円程度の増資引受けして支配権を取る交渉をしてみる価値はあるだろう

(ii) 自社開発戦略は、A社および他社の動き次第で価値が下振れするリスクが高い。A社と交渉しながら彼らが独自資金調達できそうか、他社とも交渉している様子かを探り、それが現実的ならば、阻止するために買収価格20億円程度まで引き上げてもよい（上記⑤の算定方法で20億円の買収資金を支払うとNPVは24億円、これは⑨シナリオとの対比で正当化できるだろう）

(iii) A社買収戦略を進めるとしても、2年後に市場頭打ちが明らかになったら、ズルズルと戦い続けることなく、タイミング良く撤退・売却する腹積もりを事業責任者が固めることが、(ii)を承認する前提である

(iv) A社を買収する場合、その創業者と自社開発チームがうまくやっていけることが必須。開発方針やマーケティング思想が異なるなら買収はすべきでない。その意味でA社創業者チームにも自社開発チームにも、共通のインセンティブプラン（ストックオプション）を設計し合意すること。これが合意できるなら、A社創業者も買収金額にはそれほどこだわらず、チーム一丸となってIPO（株式上場）で儲けようというモチベーションにベクトルを揃えられるだろう

(v) 逆に思想が異なり、どちらが勝つかを向こう2年のうちに見定められる、その間A社を他社に取られるのは阻止したい、というのであれば、自社開発の失敗リスクをヘッジすべく、5億円程度のマイノリティ資本参加をA社に打診することも選択肢に加える

という感じだろうか。結局は鉛筆なめなめえいやと決めているだけではないか、と言われればそうかもしれない。相当にシンプル化した本事例でもこれだけ多岐にわたる分析が必要なので、リアルオプション分析は実際には使い道が限られるだろう、との意見に異論はない。

　他方、簡便で根拠薄弱といわれるＡ社買収戦略①、②の算定方法が意外にオプション価値を考慮した④、⑤と結果的に近いのは、この事例がたまたまかもしれないが、やはり実務世界で蓄積された長年の「経験と勘」の賜物なのかもしれない。

　「3年間赤字（EVAがマイナス）なら撤退」という社内ルールはよくあり、短期的思考を助長するとの批判もよく耳にするが、これは悪いシナリオが現実となった場合は傷が深くならないうちに対処するリアルオプション思考だと解釈できる。3年で結果を求めるのは性急すぎると言うなら、そもそもの事業計画シナリオ作りの際に3年で芽が出る可能性が低いことを明らかにしたうえで投資の承認を受けるべきで、非現実的な楽観シナリオだけで投資承認を得ておいて、悪いシナリオが発生したら、「視野が短期的」では実務家としてはいただけない。

　この具体的事例の検討を通じて投資判断の意思決定にあたり、これまで見過ごされていた、あるいは経験と勘という「暗黙知」で済まされてきた世界に、「オプション価値を見える化する思考プロセス」を取り入れることの有用性を多少は理解いただけたのではないかと期待している（しかし、余計に意思決定プロセスを攪乱するだけ、との声のほうが多いかもしれない……）。

Valuation　第**10**章

株式のオプション価値と事業再生

　最終章では、オプションと事業再生という、一見関連のなさそうなトピックが実は深くつながっているという話で締めくくりたい。そのカギを握るのは、株式が持っているコール・オプション価値という特性だ。

　企業が債務不履行に陥ったり債務超過状態になったりすると、会社更生法や民事再生法の適用を申請して事業再生を行うことがある。裁判所が仕切る「法的手続」ではなく、銀行間での合意の下に事業再生を行う「私的整理」という手法もある。そして多くの場合、そこには「スポンサー」が登場して、「再生請負人」や「ターンアラウンド・マネージャー」を会社に送り込む。

　このスタイルは特に2000年以降、日本で発展がめざましい。カネボウやダイエーの事業再生においては産業再生機構、JALの会社更生法適用の際には企業再生支援機構といった国のバックアップのある機関がスポンサーとなっている。

　民間企業やファンドがスポンサーに名乗りを挙げることも多い。ウィルコムの会社更生においてはソフトバンク、東ハトの民事再生手続においてはユニゾン・キャピタル、エルピーダメモリの会社更生では米国マイクロン・テクノロジー、白元の民事再生ではアース製薬など、多くの事例がある。

　2016年に入って大きく報道されているシャープをめぐる台湾の鴻海精密工業と産業革新機構の提案合戦、これは裁判所がかかわる法的整理

手続をとらずに銀行債権者の意向を受けつつスポンサーを決める私的整理をM&Aの形で進めたものだが、本章で取り上げる論点は全く同じように当てはまる。

　なぜ倒産した会社にスポンサーという火中の栗を拾うプレーヤーが登場するのか。見事再生を果たして会社を上場してスポンサーのファンドなどが大儲けした場合、債権放棄した銀行・債権者やリストラされた従業員にすれば、これは多くのステークホルダーの犠牲の下に利益をくすね取る火事場泥棒のようなものではないのか？

　これらの疑問について考えるにあたり、オプションの理解が役立つ。

1 ： 株主有限責任原則と
株式のコール・オプション価値

　コール・オプションのペイオフは、株式と借入の組合せで複製できることを第9章で説明したが、会社自身が借入金を持っている場合、その会社への株式投資自体がコール・オプションを買う行為となる。

　その会社の企業価値（EV）を横軸に、株主の利得を縦軸にとると、株式投資のペイオフは図表10-1のとおりになるからだ。

　もしあなたが株式を買った会社が債務超過に陥り倒産してしまった場合、その株式は取引停止になったり、監理ポストに入ったりして紙くず同然になるが、株主のあなた自身が会社の借金返済の義務を背負い込むことにはならない。

　これが株主有限責任原則という株式会社制度の根幹にある重要な原則だ。会社の名称を英語にするとき、「カンパニー・リミテッド（Co. Ltd.）」とか「LLC.（Limited Liability Corporation）」という略称が付くのは、この企業が株主有限責任原則に則って作られていることを示すためだ。

　制度としてはそうなっていても、現実には日本の場合、中小企業やスタートアップのベンチャー会社が銀行からカネを借りようとすると、経営者の個人保証を求められることが多い。本来株式会社を作るのは、法

図表10-1　負債を持った会社における株主価値

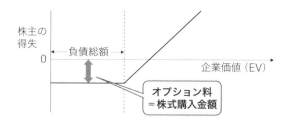

人という別人格の責任主体を作って個人の責任と切り離すことで個人起業家がリスクテイクをしやすくするためだったはず。個人保証はせっかくの有限責任原則を骨抜きにする行為だ。

　しかし、経営者が好き勝手やって事業に失敗して融資を焦げ付かせても、社長が自宅を取られることもなく平然としていられるのはおかしい、という意見にも一理ある。個人責任と切り離してリスクテイクして事業を興したいというならば、銀行に頼る前にまずリスクマネーとしての出資金をしっかり集めてからにしなさい、というのが貸し手側の言い分で、それもそのとおりだ。

　詰まるところ、日本に起業のためのリスク資本調達の場としての株式市場やベンチャーキャピタルが米国ほど発達しておらず、銀行という国民の虎の子資産を預かり、「安心安全」をウリにしている金融機関にリスクマネーの提供を頼る形になってしまっているところに問題の根源がある。

　シリコンバレーでは、起業して失敗した経営者はベンチャーキャピタルから「次は頑張れよ」と励まされ、再チャンスが与えられると聞くが、日本では会社を倒産させたという前歴は再起不能に近い不名誉で、事業に失敗した経営者は「死んでお詫びを」というところまで追い込まれがち、という風土の差は依然として大きい。

　話を元に戻し、株主有限責任原則が貫かれている世界では何が起こる

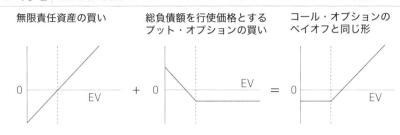

図表10-2　無限責任資産とプット・オプションによるコール・オプション合成

かを考えよう。株式のペイオフが図表10-1のようになるので、株主は失敗しても会社の借金を返す責任は負わずに済む一方、うまく行った場合は無限大にアップサイドの利益が追求できることになる。この損得の非対称性から、借入金をもった会社の株式価値には、コール・オプション価値が含まれていることがわかる。

ちなみに、株式のペイオフ図は、無限責任資産＋プット・オプションという形でも合成できる（図表10-2）。

これは事業が失敗して債務超過に陥った場合、株主は事業資産を債権者に売り渡して（プットして）、それ以上の責任から逃れられることを示している。株主と（その負託を受けた経営者）は債務不履行を起こして会社を倒産させて、あとは債権者に任せるという選択肢を持っていて、これを業界では「デフォルト・プット」と呼んでいる。

倒産は選択肢の1つでそこにはオプション価値がある、という考え方はいかにも米国的で、多くの日本の経営者や銀行には不謹慎な考え方だと映るかもしれない。しかし、株式会社の制度設計はそうなっている。

その結果、株式の価格は決してゼロを下回ることはなく、上は無限大なのだから、その株価はコール・オプション価値の分だけ常にプラスとなる。

このオプション価値はどのように上がったり下がったりするだろうか？　それはオプションの行使価格にあたる総負債額とその会社の企業価値の差や、その変動幅（リスク）に応じて決まる。負債が少なく倒産

図表10-3 企業価値に占める債権価値と株式価値割合の相関関係

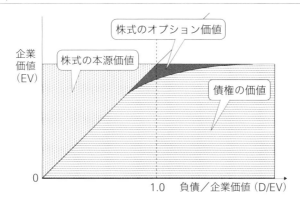

確率が低い状況や、逆に債務超過額が大きく事業再建の可能性が低い状況では、オプション価値は小さくなる。それに対して債務超過すれすれのあたりでどっちに転ぶかわからないという状況では、オプション価値は高くなる。

　負債比率（負債/企業価値）を横軸にとって企業価値というパイ（ここでは借入金支払利息の節税効果は無視して、負債比率にかかわらず一定と仮定）を株主と債権者がどう切り分けるかを図示すると、負債比率が高まるにつれて株式のオプション価値が高まり、債務超過額が大きくなるとまた下がっていき、図表10-3の形となる。図の塗りつぶされた部分が株式のオプション価値だ。

　この図は、多くの日本人の常識的感覚に反している。債務超過に陥る前から債権の価値が目減りし始め、債務超過になった状態でも株主価値はオプション価値分だけ残り、その分債権者が割りを食う形になっている。債務超過になっても株主価値はプラス、その分だけ債権者が損失をこうむるということは、債務（借金）が全額弁済されないにもかかわらず、株主が分配を受けられるべきだということになり、債権者と株主の弁済優先順位の大原則「債務がすべて返済され、残りがあれば株主が受け取る」に反する事態が起こっている。

現実の倒産処理において、株主価値がゼロになる（100％減資する）ことなしに債権者が債権放棄に応じることはめったにない。しかし、ここに「スポンサー」という新しい株主投資家が登場する場合は、話がやや異なってくる。

　スポンサーは事業継続に必要な資金をニューマネーとして出資し、経営支配権をとり、再生を主導する。その際にスポンサーは債権者に債権放棄を求める。この債権放棄部分にはオプション価値が含まれ、そのオプション料を含んだ出資金をスポンサーはニューマネーとして会社に提供するのだ。

2：事業再生の勘所

　財務破綻した会社では、限られた企業価値のパイを取引先、社員（企業年金を受け取るOBを含む）、担保を取っている銀行債権者、無担保の一般債権者など、さまざまなステークホルダーが奪い合う構図になるので、ドロドロとした醜い争いになりがちだ。そのような火事現場にスポンサーは入っていく。

　法的整理においては最終的に裁判所が任命した「管財人」や「民事再生の監督委員」が、スポンサーを含めた全当事者の利害調整を図って再建計画を取りまとめる。この落としどころを合理的に見極めるのに、オプション価値の概念は役立つ。以下に財務破綻した会社をどう処理するかを、オプションに絡めながら説明する。

2.1 ◆ 破産か再生か

　「会社の倒産」が持っているステレオタイプなイメージは、債権者がカネ目の資産をすべて処分して後は草木も生えない焼け野原、かもしれないが、これは破産の手続だ。これに対して会社更生、事業再生では、会社の事業は継続する前提で手続が進められる。どちらの手続で処理

が進められるかは、会社の継続事業価値（＝企業価値）が清算価値を上回っているか否かで決まる。

継続事業価値は、これまでの話のとおり、その事業の生み出す将来キャッシュフローの現在価値、清算価値が財務諸表上の純資産に等しいとすれば（大抵は破産すると資産は投げ売り状態になるので、清算価値はもっと下がるが）、その差額の「のれん価値」が存在しているかどうかによる。まさにその企業に単なる資産の寄せ集め以上の存在価値があるのか？　という問いだ。

事業継続したところで赤字を垂れ流すだけであれば、早めに清算して事業を畳んだほうがよい。将来キャッシュフローを生み出し続けられるなら、生かし続けたほうがより多くの債権を回収できるので、債権者は事業再生を選択するはずだ。社員は赤字が続くとしても会社を存続させてほしいと願うだろうが、社員の給料を払い続ける資金の出し手がいなくなる事態なので、ないものねだりにも限界がある。

実際に最もありがちなパターンは、会社の数ある事業のうちの一部は継続価値を持っているが、それ以外の事業は赤字脱却の目処が立たない、という状況だろう。

この場合は、生かすべき事業は生かし、それ以外は清算する、「GoodカンパニーとBadカンパニーに分けて処理」する方法が通常はとられる。今は赤字だが、踏ん張り続ければ立ち直れるかもしれないのが、「アップサイドのオプション価値が存在している」状態だ。

2.2 ◆ 継続事業価値の保全

しかし、世の中は世知辛いので、継続によりアップサイドが狙えるはずの事業も、会社全体の業績が悪いとどんどん悪循環にはまり込んでいくことが多い。仕入先は現金取引にしか応じなくなり、銀行は運転資金融資を渋り、競争力を維持するための投資余力がなくなり、やがて将来に不安を覚える社員は優秀な者から順に去って行く。

その負のスパイラルは加速度的に進行するので、手がつけられなくな

る前に対応措置をとることが肝要だ。そのための手続が会社更生、民事再生である。債権者が我先にと自分の債権回収に殺到するのを「自動停止」させたり、引き続き取引を継続し、運転資金融資に応じる人の債権は優先的に弁済されるようにしたり（これはDIP（Debtor In Posession）ファイナンスと呼ばれる）、などの仕組みが、法的整理手続には用意されている。

　法的整理手続を申請すると、すべての会社債権者にその事実を知らしめるために公表しなければならない。それが新聞のトップ記事になったりするので、「倒産」という死亡宣告のレッテルが貼られる法的整理手続の「影」の部分が強調されがちだ。しかし、この手続に入るのは、生かし続けるべき事業の企業価値を守るためだという「光」の面が本来であり、そのことは社会全体がしっかり認識したほうがよい。

　法的手続に入るのは死亡宣告ではなく、悪い部分を取り除く外科手術のための入院なのだ。継続事業価値が加速度的に下がっていくと、債務超過額は雪だるま式に増えていき、アップサイドの可能性が縮小してオプション価値は下がっていく。継続事業価値の保全はアップサイド・オプション価値の保全にほかならない。それがスポンサーという「救世主」を招き入れる土壌を整える作業となる。

2.3◆スポンサーと他のステークホルダーのせめぎあい

　企業価値を保全しさらに高める力を持ったスポンサーの登場は、すべてのステークホルダーにとって良い知らせのはずだ。しかし、スポンサーも慈善事業者ではないので、火中の栗を拾うにあたり、当然そのリスクに見合ったリターンを要求する。限られた企業価値のパイのうちのオプション価値相当分をスポンサーに提供するためには、債権者がその割りを食わなければならない。これが先に図表10-3で示した構図だ。

　債権者は銀行や取引先だけではない。会社OBが企業年金を受け取る権利も会社に対する債権で、JALの事業再生においては、年金の30％カットも再建計画に盛り込まれた。

企業価値向上のアップサイドは、将来キャッシュフローのプラスアルファをスポンサーがもたらすことによって実現する。そのためには、収益の足を引っ張る要因を除去する、つまり工場・事業所の閉鎖や人員合理化といったリストラが当然必要になる。その対象となる社員には割増退職金の支払で納得してもらわなくてはならない。

次に、簡単な数字を使ってそのⅤ字回復のメカニズムを理解しよう。

3：事業再生のシンプル事例分析

> Y社は年間30億円のフリーキャッシュフロー（FCF）を継続して生み出せる企業だが、過去に不動産投資で失敗し500億円という重い借入金を5％の金利で背負ったままでいる。継続企業価値をFCFの10倍、300億円と想定すると、実質債務超過額は200億円だ。Y社はどうすべきだろうか？

実態B/Sは、図表10-4の形となる。

3.1◆債権放棄する銀行の採算

まずは現状を銀行視点から将来の返済見通しを整理すると、図表10-5のとおりとなる。生み出すFCFから銀行に利息を払い、残りが元本返済原資となるのだが、生み出すキャッシュフローの大半が支払利息に回り、元本返済原資がほとんどない。つまり、借金を半永久的に完済できない計算だ。

このような危ない融資先には、銀行は金融庁検査をパスするために貸倒引当金を積んで、その金額分の損失を計上しておかなければならない。損失計上が避けられないのならば、と銀行が半分の250億円の債権放棄に応じたとする。支払利息がその分減り、返済原資が若干増えて、10年強で完済できる計算になる。

図表10-4　Y社の実態B/S

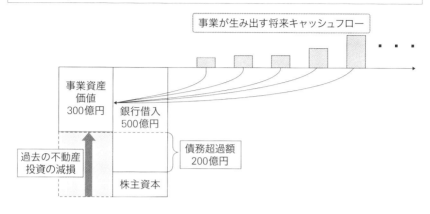

　銀行としては250億円の債権カット分は銀行の貸し倒れ損失、株主資本が減って銀行のバランスシートを傷めてしまうが、膿を出し切って健全化した債権から、向こう10年間で累計70億円近くの利息収入と元本返済が見込めるようになる。

　現実には、このような債権カットだけでは救済されないケースが多い。この計算では事業が向こう10年間生み出すFCFは、すべて利払いと元本返済に回される。経営者も社員もひたすら現状維持で借金返済のために10年間を過ごさなければならない。外部環境の変化で業績が下振れすると、銀行もさらなる返済繰り延べには応じず、追加のコストカットを求める。未来に向けての投資は絞られ、イノベーションは起こらず、競争力が低下して人材確保にも苦労し、徐々に衰退していく。銀行管理下に入った会社が元気を失う場合、このパターンにはまり込むケースが多い。

第三部 実務応用編──理論と実務の橋渡しの試み

図表10-5 Y社の借入金返済見通し

前提　(単位：億円)

事業が生み出すベースFCF	30
B/S左側の価値（企業価値）	300 ◀FCFの10倍
総借入額	500
支払利率	5%

現状の借入金返済見通し

	0年目	1年目	2年目	3年目	4年目	5年目
年末借入残高	500.0	495.0	489.8	484.2	478.4	472.4
FCF		30.0	30.0	30.0	30.0	30.0
支払利息		25.0	24.8	24.5	24.2	23.9
元本返済原資		5.0	5.3	5.5	5.8	6.1

借入金の前期末残高×利率

年末に返済するので期末借入がその分減少

250億円債権放棄した場合の借入金返済見通し

	0年目	1年目	2年目	3年目	4年目	5年目	6年目	7年目	8年目	9年目	10年目
年末借入残高	250.0	232.5	215.0	196.6	177.4	157.2	136.1	113.9	90.7	66.4	41.0
FCF		30.0	30.0	30.0	30.0	30.0	30.0	30.0	30.0	30.0	30.0
支払利息		12.5	11.6	10.8	9.8	8.9	7.9	6.8	5.7	4.5	3.3
元本返済原資		17.5	18.4	19.3	20.2	21.1	22.1	23.2	24.3	25.5	26.7

3.2 ◆ スポンサーの投資採算

　そこに経営立て直し能力のあるスポンサーが参画すると、どのような
絵姿になるだろうか。

　　スポンサー企業が現れて、既存株主の100％減資と債権カット
　250億円と引き換えに100億円のニューマネーを出資し、会社の支
　配権を100％握る。リストラを断行、人員整理の対象になった社員
　の割増退職金として、そのニューマネー100億円を使い切る。人
　件費削減効果などにより事業の生み出すFCFは、翌年以降10億円
　増え、刷新された経営陣の手腕により、その後も年率5％で増え続
　ける見通しだ。

　このシナリオのキャッシュフローおよび借入金返済スケジュールは、
図表10-6のとおり、250億円にカットされた債権は7年目で回収、累計
約52億円の金利収入が銀行にもたらされる。
　スポンサーは5年後にY社を上場するか他社に売却して、すべての
株式をそこで手放し、Y社事業からエグジットする。5年後のY社の
キャッシュフローはリストラ効果と5％成長のおかげで48.6億円に増加
する見通し、最初の前提と同じFCFの10倍の倍率で5年後に売却すれ
ば、100億円投資して5年後に410.2億円の回収、5年間の投資リターン
（IRR）32.6％という魅力的な投資になることがわかる。

　新しいリスクマネーを投じたスポンサーは上場・売却によるキャピタ
ルゲインで大儲け、銀行はより確実な元本および利息の回収ができるこ
とになる。債権放棄した250億円とリストラ計画が、スポンサーによる
100億円のニューマネーの呼び水になる構造だ。
　結果だけを見ると、債権放棄と社員リストラで350億円、それがその
ままスポンサーのキャピタルゲイン310億円に入れ替わっただけ、銀行
と社員の犠牲の下にファンドが暴利を搾取しているように映るが、それ

図表10-6	債権放棄250億円＋スポンサー出資100億円の場合

前提 （単位：億円）

スポンサー出資ニューマネー	100
債権放棄	250
リストラ一時コスト	100
リストラ効果FCFインパクト	10
リストラ後FCF成長率	5%

	0年目	1年目	2年目	3年目	4年目	5年目	6年目
期末借入残高	250.0	222.5	191.6	157.1	118.7	76.0	28.7
ベースFCF		30.0	30.0	30.0	30.0	30.0	30.0
リストラ＋スポンサー経営効果	△100.0	10.0	12.0	14.1	16.3	18.6	21.1
支払利息		12.5	11.1	9.6	7.9	5.9	3.8
元本返済原資		27.5	30.9	34.5	38.4	42.7	47.3
想定IPO時価総額						410.2	
スポンサーの5年間IRR	32.6%						

FCF×10－残借入金

は違う。

　ファンドのニューマネーが社員の割増退職金原資に使われてコストが下がり、スポンサーの経営力により新たな成長エンジンを手に入れた結果、上場・売却という形で資本市場からキャピタルゲインが得られているのであり、銀行が放棄した250億円がそのままファンドのポケットに入ったわけではない。放棄された銀行債権250億円は、Y社がスポンサーなしに事業継続しても回収がきわめて難しく、銀行にとっては「サンクコスト」だったはずだ。

3.3 ◆ DESという調整手段

　債権放棄と人員削減という「痛み」を受け入れた側としては、その後の事業がメキメキと元気を取り戻して、スポンサーだけが大儲けする姿

を見ると理不尽さを感じるのは否めない。「それはスポンサーに優れた経営手腕があったから、リスクテイクする決断力があったからだ」と言われても、割り切れない思いが残るだろう。

銀行や社員にもリスクを取るガッツがあるのなら、DESという方法がお薦めだ。DESとはデット・エクイティ・スワップ（Debt Equity Swap）の略、つまり債務を株式と交換することで、「債務の株式化」と訳される。

本事例に当てはめると、銀行が融資債権をただ放棄するのではなく株式に交換する、社員が給料という債権を返上して薄給で働き株式をその代わりに受け取る、という取引だ。返済約束のある債権や保証された給料の一部を放棄して、代わりに会社の株式、すなわちコール・オプションを受け取る、リスクをとってアップサイドを追求する選択肢である。銀行が債権放棄を200億円にとどめて、残り50億円分はDESした場合の分析が**図表10-7**だ。

既存株主は100%減資したうえでスポンサーが100億円出資しているので、新しいY社株主構成は3分の1が銀行、3分の2がスポンサーとなる。この場合は5年後の上場・売却によるキャピタルゲインが株式の持ち株比率で按分されて、銀行株主は137億円、スポンサーは274億円を受け取り、スポンサーのIRRは22.3%に下がる。

銀行は放棄した250億円が株売却で137億円回収でき、500億円の元々の債権の回収率が50%から77%に改善する。社員・経営者の中に給料を下げてよいのでストックオプションを代わりにほしい、という交渉をした人がいれば、その人たちも返上した給料を補って余り有る収入を、上場の際のキャピタルゲインという形で手にすることができるかもしれない。

DESの考え方は、限られたパイの切り方を血眼になって争う交渉のテーブルに、「将来のアップサイドのシェアを取る見返りに足元の債権をどれだけカットするか、ニューマネー出資額をどこまで奮発するか」という新しい利害調整手段を提供する。

別の言い方をすると、交渉テーブルに、今回収するか将来まで待つか

図表10-7	債権放棄250億円（うち50億円を株式にスワップ） ＋スポンサー出資100億円の場合

（単位：億円）

株主構成	出資額	持分比率
債権者DES金額	50.0	33%
スポンサー	100.0	67%

銀行の弁済・回収金額合計

債権	250.0
株売却	136.7
回収額合計	386.7
受取利息	47.0

7年目に全額完済

想定時価総額の33%が銀行の取り分

放棄前融資総額の8割近くを回収できる計算

	0年目	1年目	2年目	3年目	4年目	5年目
スポンサーにとってのCF	△100	0	0	0	0	273.5
スポンサー5年間IRR	22.3%					

想定時価総額の67%がスポンサーの取り分

の時間軸と、リスクテイクするかしないかの軸を判断要素に加える働きをする。そして、その交渉において有利なポジションを取れるのは、Y社の将来に対して価値創造の貢献力があり、事業再生が失敗に終われば出資分が紙屑になるリスクを負担できる者だ。

　多くの事業再生のケースでは、リスクを取って経営陣を送り込み、七転八倒しながら事業再生という難しいチャレンジに取り組むスポンサーは、自分の株式持分が希薄化することを好まない。このケースでは、DESを使ってもスポンサーは22.3%のIRRが見込めるので、アップサイドの3分の1を銀行とシェアする代わりに債権の50%カットに応じよ、という取引は現実的だろう。現経営陣が、報酬は返上するからストックオプションをくれと言っても、スポンサーはおいそれと応じることはない。なぜなら、彼らはむしろ事業を財務破綻に至らせた側であり、その人たちが事業再生における新たな価値創造に主要な役割を果たすとは考えにくいからだ。

　事業再生局面で事業のオプションバリューに着目して、ニューマネー

出資のリスクを取れるのは、より素晴らしい事業の絵姿を描き、それを実行する「経営力」のあるプレーヤーであり、既存のステークホルダーは、そのプレーヤーを招き入れるために自らの持つ「ステーク」を放棄することが求められる。

　そのことは債務超過に陥っても、株式には常に「オプション価値」というプラスの価値が存在すること、そして株式には議決権（＝経営陣を選ぶ権利）がついていて、より良い未来を描ける経営者を任命する「支配権」があること、を理解すれば、経営力とリスクテイク力あるスポンサーが結果的に大儲けすることも納得できるのではないだろうか。

　そして、そのプロセスにおいてリストラの返り血を浴びながらも現場を支え、事業再生を成功に導くべく奮闘する社員たちがスポンサー同様にリスクを取るのだとしたら、ストックオプションの形でアップサイドをスポンサーとシェアする交渉をきちんとしておくことをお薦めする。

　これは「同僚のリストラの犠牲の下で自分たちだけが金儲けする」行為ではなく「リスクを取って価値創造に貢献した者が相応に報われる」という「フェア」な社会作りの出発点と捉えるべきだと私は考えている。

おわりに

　ファイナンスや企業価値算定についてシンプルで腹落ちする実務書、かつ資本主義や自由市場のそもそも論から説き起こした本、を目標に書き始めたが、後半は専門書的なテイストになり、最後まで読み通して下さった読者がどれほどいるか、心許ないものになってしまった。

　「ターゲット読者層はどこですか？」

　本書の構想を話すと、ほぼ全員にこう聞かれた。それに対する私の答えは、「上場企業の経営者からM&Aや投資実務にかかわるプロ、起業を考える若者や学生、社会の仕組みやその行く末に問題意識を持っている普通の会社員や行きつけの美容師の兄さん」だった。

　そして、この曖昧な顧客ターゲティングでは成功しないというのが、残念ながらマーケティングの常識だ。

　「開かれた自由競争の世界で、強くたくましく生きてゆけるようにならなければと思っている人」

　これが本書の読者ターゲットであり、そういう人達は結構たくさんいてさまざまな階層、分野、世代に幅広く散らばっている。

　そのことを実感させてくれたのは、2007年に私が監修の立場で参加したNHKドラマ「ハゲタカ」である。バブル崩壊後の「失われた10年」の世界を恋愛的要素もなくリアルに硬派に描いたドラマが、ビジネスマンのみならず学生・女性層にとてもウケているのを目の当たりにした。夫婦揃って、親子で、一緒に観たという話をしょっちゅう耳にした。先日、「大のハゲタカファン」と紹介された某商社のエリート君は、高校生のときに爺ちゃんと一緒に食い入るように観た、と10年近く前のこのドラマについて熱く語ってくれた。

　このNHKドラマとの出会いは、ディレクターの堀切園健太郎氏がた

またま拙著『会社の値段』を読み、メールをくれたのがきっかけだった
し、訓覇圭プロデューサーや大友啓史チーフディレクターがドラマを通
じて世に問いかけようとしたテーマは、驚くほど私自身の問題意識と同
じだった。そして、この方々はみな朝ドラやアクション映画監督として
も大活躍している人たちだった。

　株価評価やM&Aの話は、経営者や専門実務家の世界の話で、一般人
には縁遠いものと映るだろう。しかし、根底にあるのはリスクを取って
リターンを追求する「エクイティ投資」のあり方の議論で、これは個人
レベルでの人生節目のさまざまな意思決定に相通じている。
　会社経営において自然災害、国際情勢、それらに伴う為替や天然資源
価格の乱高下、と不確実な要因だらけの外部環境の下で事業成長の絵姿
を描き、その実現のために必要な資金を調達し、優秀な人材を集めるの
はますます難しくなってきている。
　同様に、個人の人生設計においても、安定は望むべくもないご時世
だ。大震災が起こり原発事故が起きれば、日本で最も安定的だと思われ
ていた電力会社が一瞬にして様変わりするし、グローバル競争に勝ち残
るために大企業が事業部門をアジアの競合他社やファンドに売却するの
は日常茶飯となっている。
　「和をもって貴しとする」だけでは済まない世の中は、持つ者と持た
ざる者の格差を広げ、不安、不満、開き直りを助長する。その苛立ちは
暴動やテロにつながり、社会をますます不安定にする。

　このような時代に強くたくましく前向きに生きていく人たちを育むに
は、どういう社会をつくればよいか？
　「そのカギはバリュエーションにある」
と言うと、唐突すぎて理解を得られないのだが、
　「価値を生むこととカネが儲かることがずれない社会づくりをめざす
べき」
と言えば、より共感を得られるだろう。

人間は社会的動物なので、本来コミュニティの中で認知され期待され、評価されることを喜び、生きがいに感じるものだ。そのモチベーションが落ちるとしたら、それは、「自分が価値を生んでいると思ってやっている活動が正当に評価されない＝報酬につながらない」。そして、逆に「社会に対してそれほど価値を生んでいるとは思えない活動でやたら儲けている人がいる」ということだろう。

　ところで、何が正しいか（＝価値を生んでいることか）の判断軸を定めるのはかなり難しい。それを権威・権力のある誰かが一方的に決めると、独裁国家や宗教の世界となる。民主社会は、何が正しいかの判断が多種多様だと認めるところからスタートする。そして、そのコミュニティ（共同体）の意思決定は、政治においては社会を構成するみんながどう思うかという形で選挙や投票を通じて多数決で決まり、経済の世界では「ちゃんと儲かるか」の形で市場評価に委ねられる。

　米国のように人種も宗教もさまざまな民族が「自由」や「フェアネス」などの理念・価値観を共有して作り上げた国家では、何が正しいかの判断軸も多様にならざるをえない。その中で経済活動における「正しさ」の判断は、その活動がより多くの対価を受け取ることにつながるかどうか、つまり儲かるかどうか、で行う風潮に流れていく。

　すると、そもそもは「正しいことをしていれば儲かる」だったはずなのが、「儲かっているという事実をもってその活動は正しいと推定する」という「カネ儲け＝善」の議論にすり替わっていく。これがエスカレートして、日本を含む多くの国において人々の価値観に合わないカネ儲けがまかりとおる場面が増えてくるとしても、他のよりマシなやり方はなかなか見つかっていない。

　社会に対して価値を創造しているようには見えない会社が濡れ手に粟状態に儲かる状態を放置せず、逆に真摯に社会への価値提供を行っている会社が十分な儲けを得られずに破綻したりしないように頑張る。これは公正で豊かな社会をつくるために事業経営者が果たすべき最も重要な役割だ。

「良い仕事をして社員もお客様も喜んでいるのだから、会社の儲けにこだわらないで安く製品やサービスを提供すればよいではないか」というのは聞こえはいいが、易きに流されている。「これだけの価値を社会に創造して提供しているのだから、それ相応に稼がせてもらう」と胸を張って言ってほしい。なぜなら、価値を創造している会社やその構成員・投資家が裕福になり、彼らがその富を自身の判断で社会へ再配分・再投資する役割を直接担うことは、より公正で豊かな社会づくりへの近道であるはずなのだから。

目の前の仕事を一生懸命こなしても自身の生活が汲々としているときに、「飢えや災害に苦しんでいる人に救いの手を差し伸べないのは、志や思いやりの気持ちが低い」と説教されると、自分の仕事は社会に対して価値を生んでいないと言われたようで正直気分が悪い。そして逆に「価値を生んでいないがカネは儲ける」人が寄付をたくさんしてメディアでもてはやされたりするならば、多くの善き市民はかえって鼻白むだろう。

価値を生む活動とカネが儲かる活動がそれほどずれない世の中は、どのようにしたら築けるのかという問題意識は、企業価値は誰がどのようにして決めるのが「フェア」なのかという問いと同根だ。そしてそのずれやギャップが小さくなることと、世の中から不安や不満や投げやりな風潮が減ることもつながっている。

インターネットやデジタル化の流れは世界を一変させている。それはもの作りにおいて「生産者」と「消費者」の区分を曖昧にし、メディアにおいて情報の「発信者」と「受信者」の区分を曖昧にし、「全員参加型のネットワーク社会」を出現させている。

企業価値算定の世界も「答えは市場に聞くしかない」という意味で同じ、1人ひとりの投資家の価値観が市場価格という声を形成して企業経営者とコミュニケーションする、それを建設的で前向きな議論の場として育むことが豊かで公正な社会づくりにつながる。そのための共通言語やツールとして本書が役立てばという思いを込めて、「企業価値・

M&Aの本質と実務」という副題を選んだ。

　マーケティングのセオリーに抗って、同じ問題意識を共有するさまざまな分野、世代の方々に届くことを願っている。

参考文献

- 新井富雄「経営戦略とリアルオプション」『知的資産創造』2001年4月号，pp.6-23.
- 今井純一『リアル・オプション──投資プロジェクト評価の工学的アプローチ』中央経済社，2004年.
- エアハルト，マイケル『資本コストの理論と実務──新しい企業価値の探究』真壁昭夫・鈴木毅彦訳，東洋経済新報社，2001年.
- ギルソン，スチュアート・C.『コーポレート・リストラクチャリングによる企業価値の創出──倒産と再建，バイアウト，企業分割のケーススタディ』関本博英訳，パンローリング，2003年.
- 草野耕一『金融課税法講義（補訂版）』商事法務，2010年.
- ───『会社法の正義』商事法務，2011年.
- 小林啓孝『デリバティブとリアル・オプション──MBAビジネス金融工学』中央経済社，2003年.
- 齋藤純一『政治と複数性──民主的な公共性にむけて』岩波書店，2008年.
- 佐々木一寿『経済学的にありえない』日本経済新聞出版社，2015年.
- 塩沢由典『複雑系経営学入門』生産性出版，1997年.
- シャープ，ウイリアム・F.『投資家と市場──ポートフォリオと価格はなぜ決まるのか』不動産証券化協会不動産ファイナンス研究会訳，日経BP社，2008年.
- ダモダラン，アスワス『コーポレート・ファイナンス　戦略と応用』三浦良造ほか訳，東洋経済新報社，2001年.
- タレブ，ナシーム・ニコラス『まぐれ──投資家はなぜ，運を実力と勘違いするのか』望月衛訳，ダイヤモンド社，2008年.
- ナイト，フランク『競争の倫理──フランク・ナイト論文選』高哲男・黒木亮訳，ミネルヴァ書房，2009年.
- 西村ときわ法律事務所編『ファイナンス法大全 アップデート』商事法務，2006年.
- 根井雅弘『市場主義のたそがれ──新自由主義の光と影』中公新書，2009年.
- ヒギンズ，ロバート・C.『新版ファイナンシャル・マネジメント──企業財務の理論と実践』グロービス・マネジメント・インスティテュート訳，ダイヤモンド社，2002年.

- ファーガソン，ニーアル『マネーの進化史』仙名紀訳，早川書房，2009年．
- ブリーリー，リチャード・A.ほか『コーポレートファイナンス（第10版）上・下』藤井眞理子・國枝繁樹訳，日経BP社，2014年．
- プルータス・コンサルティング『企業価値評価の実務Q&A（第2版）』中央経済社，2012年．
- ボディ，ツヴィ／ロバート・C.マートン『現代ファイナンス論——意思決定のための理論と実践』大前恵一朗訳，ピアソン・エデュケーション，1999年．
- マッキンゼー・アンド・カンパニー『企業価値評価（バリュエーション）——価値創造の理論と実践』マッキンゼー・コーポレートファイナンス・グループ訳，ダイヤモンド社，2002年．
- マンデルブロ，ベノワ・B.／リチャード・L.ハドソン『禁断の市場——フラクタルでみるリスクとリターン』高安秀樹監訳，東洋経済新報社，2008年．
- 矢野和男『データの見えざる手——ウエアラブルセンサが明かす人間・組織・社会の法則』草思社，2014年．
- 山本大輔『入門リアル・オプション——新しい企業価値評価の技術』東洋経済新報社，2001年．
- ライシュ，ロバート・B.『勝者の代償——ニューエコノミーの深淵と未来』清家篤訳，東洋経済新報社，2002年．
- ————『暴走する資本主義』雨宮寛・今井章子訳，東洋経済新報社，2008年．
- ラパポート，アルフレッド／マイケル・J.モーブッシン『市場の期待を株価で読み解くエクスペクテーション投資入門』新井富雄ほか訳，日本経済新聞社，2003年．
- ルービニ，ヌリエル／スティーブン・ミーム『大いなる不安定——金融危機は偶然ではない，必然である』山岡洋一・北川知子訳，ダイヤモンド社，2010年．
- ローティ，リチャード『リベラル・ユートピアという希望』須藤訓任・渡辺啓真訳，岩波書店，2002年．
- 若林秀樹『ヘッジファンドの真実』洋泉社新書，2007年．

- Jensen, Michael C., "Agency Costs of Free Cash Flow, Corporate Finance, and Takeovers," *American Economic Review*, May 1986, Vol. 76, No.2, pp.323-329.
- ————, *A Theory of the Firm: Governance, Residual Claims, and Organizational Form*, Harvard University Press, 2003.
- Tirole, Jean, *The Theory of Corporate Finance*, Princeton University Press, 2006.

索引

A〜Z

β（ベータ）　137, 144, 147
CAPM（資本資産価格モデル）　124, 137
DCF　044, 049, 156, 204
DES　232
DIPファイナンス　227
EBITDA　061, 080
EVA　018
IFRS　009, 052
IRR（内部収益率）　065, 178
KPI　033
NOPAT（税引後営業利益）　056
NPV（正味現在価値）　208
PBR（株価純資産倍率）　003, 063, 077
PER（株価収益率）　002, 005, 031, 049, 057
ROA（総資産利益率）　033
ROE（株主資本利益率）　002, 007, 031, 077
ROIC　063
TOB（株式公開買付）　076, 091, 101
WACC（加重平均資本コスト）　137

ア行

アイカーン，カール　088
アクティビスト　083
アーンアウト　175
売上高利益率　032
運転資金　055
営業キャッシュフロー　054
エグジット　111, 163, 178
エージェンシーコスト　094
オプション　185, 192

カ行

会社更生　060, 225
回収期間法　204
株式移転　173
株式交換　173
株式市場プレミアム　137, 142, 148
株主価値　015, 024, 057, 080
株主資本　002, 019, 032, 137
株主有限責任原則　221
機会費用　017, 094
機関投資家　090, 105, 115
企業価値（EV）　002, 005, 021, 045, 057
期待利回り　046
キャッシュフロー計算書　053
吸収合併　173
現在価値　005, 022, 044
現代ポートフォリオ理論　124, 134
コーポレート・ガバナンス　058
固有リスク（ユニークリスク）　134, 150
コール・オプション　187, 194, 221
コングロマリット・ディスカウント　093

サ行

財務キャッシュフロー　054
財務レバレッジ　033
サードポイント　083
サンクコスト　094, 208
事業価値　024
事業再生　220, 225, 228
自己資本　019
市場リスク（システマティックリスク）　134, 150

243

実質債務超過　060
シナジー　165, 172, 177
シナリオ分析　197, 207
支配権プレミアム　165, 170
資本コスト　017, 046, 136
シャープ，ウイリアム　124
純資産　003, 019
ショート　187
ショールズ，マイロン　192, 196
スティール・パートナーズ　075
ストックオプション　111, 186
スポンサー　220, 227, 232
正規分布　126
成長性　045, 149, 233
総資産回転率　032
損益計算書（P/L）　015

► タ行 ◄

貸借対照表（B/S）　004, 010
ターミナルバリュー　161, 206
ダモダラン，アスワス　147
ディシジョンツリー分析　197, 202
敵対的買収　100, 122
デュー・ディリジェンス　156
デュポン式　032
デリバティブ　191
投資キャッシュフロー　054
ドラッカー，ピーター　010, 015

► ナ行 ◄

ナイト，フランク　153
内部留保　004, 015, 030
ネット有利子負債　026, 066
のれん　004, 010, 021, 059

► ハ行 ◄

破産　225
ハードルレート　179, 206
不確実性　132, 149, 153, 196
プット・オプション　187, 194, 223

プライベート・エクイティ・ファンド
　091, 163, 178
ブラック，ショールズ・モデル　124,
　195, 216
ブラック，フィッシャー　192
フリーキャッシュフロー（FCF）　054,
　061, 228
ペイオフ　187, 190, 221
ベキ分布　126
ヘッジ比率　193
ヘッジファンド　070, 087
ベンチャーキャピタル　111, 213
ボラティリティ　132, 147, 180, 195,
　216

► マ行 ◄

マーコウィッツ，ハリー　124
待つコスト　213
マートン，ロバート　196
マネジメント・バイアウト（MBO）
　058, 075, 110
無リスク金利　137, 142

► ラ行 ◄

リアルオプション　196, 200, 208,
　212
リスク　005, 045, 118, 132, 153
レバレッジ　038, 179
レバレッジド・バイアウト（LBO）　110
ロング　187

► ワ行 ◄

割引率　045, 136, 147

索引

244

【著者紹介】
森生　明（もりお　あきら）
1959年大阪府生まれ。83年京都大学法学部卒業、日本興業銀行（現みずほ銀行）入行。86年ハーバード・ロースクールにて修士号取得。91〜94年ゴールドマン・サックスにてM&Aアドバイザー業務に従事。その後、米国上場メーカーのアジア事業開発担当、日本企業の経営企画・上場担当を経て独立。西村あさひ法律事務所およびベンチャー企業の経営顧問・外部役員を務める。テレビドラマと映画版の「ハゲタカ」を監修。2013年よりグロービス経営大学院教授。長年にわたって、総合商社や金融機関、グローバル展開を進める大手企業など、ファイナンスの最前線に立つ実務家たちに企業価値算定・M&Aの研修を行っている。著作に『MBAバリュエーション』（日経BP社）、『会社の値段』（ちくま新書）がある。

e-mail: am@mrojapan.com

バリュエーションの教科書

2016年6月9日　第1刷発行
2016年7月29日　第2刷発行

著　者──森生　明
発行者──山縣裕一郎
発行所──東洋経済新報社
　　　　　〒103-8345　東京都中央区日本橋本石町1-2-1
　　　　　電話＝東洋経済コールセンター　03(5605)7021
　　　　　http://toyokeizai.net/

装　丁…………竹内雄二
本文デザイン……米谷　豪
ＤＴＰ…………江口正文
企画・構成……佐々木一寿
印刷・製本……丸井工文社
編集担当………佐藤　敬
©2016 Morio Akira　　Printed in Japan　　ISBN 978-4-492-60223-2

　本書のコピー、スキャン、デジタル化等の無断複製は、著作権法上での例外である私的利用を除き禁じられています。本書を代行業者等の第三者に依頼してコピー、スキャンやデジタル化することは、たとえ個人や家庭内での利用であっても一切認められておりません。
　落丁・乱丁本はお取替えいたします。